HAVERES

CIP-BRASIL. CATALOGAÇÃO NA PUBLICAÇÃO
SINDICATO NACIONAL DOS EDITORES DE LIVROS, RJ

S676h   Somariva, João Adir
        Haveres : conta direito / João Adir Somariva. – 1. ed. –
Porto Alegre [RS] : AGE, 2023.
        167 p. ; 16x23 cm.

        ISBN 978-65-5863-182-8
        ISBN E-BOOK 978-65-5863-183-5

        1. Contabilidade. I. Título

    23-82519   CDD: 657
                              CDU: 657

Meri Gleice Rodrigues de Souza – Bibliotecária – CRB-7/6439

ADIR JOÃO SOMARIVA

HAVERES
conta direito

PORTO ALEGRE, 2023

© Adir João Somariva, 2023

Capa:
Nathalia Real

Diagramação:
Júlia Seixas
Nathalia Real

Revisão gramatical:
Paulo Flávio Ledur

Editoração eletrônica:
Ledur Serviços Editoriais Ltda.

Reservados todos os direitos de publicação à
LEDUR SERVIÇOS EDITORIAIS LTDA.
editoraage@editoraage.com.br
Rua Valparaíso, 285 – Bairro Jardim Botânico
90690-300 – Porto Alegre, RS, Brasil
Fone: (51) 3223-9385 | Whats: (51) 99151-0311
vendas@editoraage.com.br
www.editoraage.com.br

Impresso no Brasil / Printed in Brazil

Respeitosamente,
no exercício da cidadania
e num sentimento de
convicção.

SUMÁRIO

Introdução 15

PARTE UM
A RIQUEZA DE CADA UM – E O SEU PATRIMÔNIO

1 Por que a riqueza de cada um... 19
    1.1 Saldo patrimonial 20
    1.2 Estudo quanto ao patrimônio individual 21

PARTE DOIS
O PATRIMÔNIO – E A CONTABILIDADE

2 Caduceu 25
    2.1 Conduta profissional contábil 26
3 Contabilidade – Por que protetora do comércio... 27
    3.1 Estudo contábil – Início 28
    3.2 Assimilação do conhecimento contábil 29
    3.3 Importância/utilidade/forma de uso 29
    3.4 Contabilidade como ciência protetora das aziendas (empresas/instituições) 30
4 Por que o patrimônio está diretamente relacionado à contabilidade... 31
    4.1 Da correlação contábil-administrativa 32
    4.2 Influência da função científica contábil – Na administração 32
5 Contabilidade – Ciências sociais 33
    5.1 Contabilidade – Matemática 34
6 Conceito/Definição – Contábil 35
    6.1 Um conceito – Contábil 35
    6.2 Quanto à definição de contabilidade... 36
7 Histórica utilidade – Contábil 39
    7.1 Alguns relatos históricos 39
8 Da utilização do conhecimento contábil 41
    8.1 Da utilização do conhecimento contábil no setor público 41

8.2	Da utilização do conhecimento contábil no setor bancário/financeiro/de crédito...	42
8.3	Da utilização do conhecimento contábil no terceiro setor da economia	43
8.4	Da utilização do conhecimento contábil no setor produtivo (comércio/indústria/produção rural/extração/prestação de serviços...)	43
	8.4.1 Influência do setor público no setor produtivo	44
8.5	Da continuidade do uso do conhecimento contábil	44
	8.5.1 Da eficácia e do desenvolvimento do conhecimento contábil	45
8.6	Quanto à essência da contabilidade – Seu exercício	45

9 Comunicação empresarial/institucional – Contábil 46
9.1	Objeto e forma de comunicação – Contábil	47
	9.1.1 Objeto de comunicação contábil	47
	9.1.2 Forma de comunicação contábil	47
9.2	Fontes de buscas – Contábeis	47
9.3	Critério/metodologia – Contábil	48
	9.3.1 Critério/Metodologia contábil – Padronizado	48
	9.3.2 Critério/Metodologia padronizado – Benefícios esperados	49
	9.3.3 Organismos reguladores de critério/metodologia técnico-científica contábil – Padronizado	49
9.4	Clareza e tempestividade – Contábil	49

10 Nomenclaturas patrimoniais – Contábeis 50
10.1	Nomenclaturas patrimoniais contábeis – Significado	50
10.2	Função das nominadas contas/Classificações patrimoniais – Nomenclaturas	50
10.3	Nomenclatura – Simplesmente	50

11 Leitura/Assimilação do patrimônio – Balanço 52
11.1	Patrimônio	52
	11.1.1 Patrimônio da pessoa jurídica – Finalidades	53
11.2	Por que patrimônio ativo – Débito	54
	11.2.1 Ativo	54
	11.2.2 Débito	54
11.3	Por que patrimônio passivo – Crédito...	55
	11.3.1 Passivo	55
	11.3.2 Crédito	55

11.4	Débito – Crédito – Igualdade de valor ($)		56
11.5	Partidas dobradas		56
11.6	Contas patrimoniais – Contas de resultado		57
	11.6.1	Contas patrimoniais	57
	11.6.2	Contas de resultado	58
	11.6.3	Contas patrimoniais e contas de resultado – Mesmo critério de débito e crédito	59
	11.6.4	Débito/Crédito	60
11.7	Instruindo com o exemplo de $ 1,00		61
11.8	Capital social – Fundo social		62
	11.8.1	Capital social	62
	11.8.2	Fundo social	62
11.9	Lucro/Prejuízo – Superávit (sobras)/Déficit		63
	11.9.1	Lucro/Prejuízo	63
	11.9.2	Superávit (sobra)/Déficit	63
11.10	Patrimônio – Um exemplo (comentado)		63
	11.10.1	Leitura do patrimônio	64
11.11	Patrimônio – Débitos e créditos		65
11.12	Patrimônio/Nomenclaturas – Uma reflexão		66

PARTE TRÊS
HAVERES

12	Por que haveres...		69
	12.1	Haveres – Justificativa	69
	12.2	Haver – Como definição	69
	12.3	Haveres patrimoniais	70
	12.4	Haveres – Significado	70
	12.5	O que a entidade pessoa física ou jurídica pode ter como haveres patrimoniais...	70
	12.6	Forma documental de haveres	71
	12.7	Haveres de difícil realização	71
13	Haveres – Um entendimento		72

PARTE QUATRO
EXCLUSIVIDADES PATRIMONIAIS

14	Por que exclusividades patrimoniais...		75
	14.1	Exclusividades – Impedimento de terceiros	75
15	Exclusividades – Nomenclatura		76

PARTE CINCO
BENS PATRIMONIAIS

16 O QUE SE COMPREENDE POR BENS PATRIMONIAIS... 79
    16.1 Bens patrimoniais – Contábil 79
    16.2 Bens patrimoniais – Detalhamento..80
17 PATRIMÔNIO ATIVO – SUBDIVISÃO 81
    17.1 Classificação do patrimônio ativo – DÉBITO 81

PARTE SEIS
CRÉDITOS PATRIMONIAIS

18 CRÉDITO PATRIMONIAL – CONTÁBIL 85
19 CRÉDITO PATRIMONIAL – NOMENCLATURA 87

PARTE SETE
LEGALIDADE PATRIMONIAL

20 JURÍDICO PATRIMONIAL – COMO UM ENFOQUE 91
    20.1 Justiça/Judiciário 92
    20.2 Ciências jurídicas – Formação 93
    20.3 Deliberações do Judiciário 94
    20.4 Dogmática jurídica – Uma reflexão 95
21 AUTONOMIA 96
    21.1 Autonomia – Pessoa física 96
    21.2 Autonomia legal 97
    21.3 Legalidade – Igualdade 98
    21.4 Leis necessárias 99
22 ESTADO/LEGALIDADE 100
    22.1 Estado de legalidade 100
    22.2 Estado de legalidade/Estado de direito 101
    22.3 Legalidade objetiva e legalidade subjetiva 103
    22.4 Lei/Jurídico 105
    22.5 Direito – Cidadão – Jurídico 106
    22.6 Direito 107
23 DIREITO – GENUÍNO SENTIDO... 108
24 PATRIMÔNIO/LEGALIDADE 109

24.1	Patrimônio – Legalidade – Justiça	109
24.2	Jurídico/Patrimônio	109

PARTE OITO
PATRIMÔNIO – DEFINIÇÃO

25	DEFINIÇÃO – UMA REFLEXÃO	113
26	PATRIMÔNIO – DEFINIÇÃO	114

PARTE NOVE
CHAVE PARA ENTENDIMENTO – CONTÁBIL

27	INVENTÁRIO GERAL – PATRIMONIAL	117
27.1	Inventário geral – Relatório	117
27.2	Início de um Livro Diário – Escrituração contábil	117
27.3	Inventário geral – Necessidade	118
27.4	Inventário geral – Utilidades	118
27.5	Inventário geral – Considerações especiais	119
27.6	Inventário geral – Livro contábil	119
28	INVENTÁRIO – SALDO PATRIMONIAL	120
28.1	Buscas por respostas – Contábeis	121
28.2	Escrituração – Contábil	122

PARTE DEZ
CULTURA – CONTÁBIL

29	FORMAÇÃO CULTURAL – CONTÁBIL	125
29.1	Contabilidade – Campo acadêmico	125
29.2	Cultura acadêmica – Contábil	126
29.3	Exercício profissional – Contábil	127
30	COMUNICAÇÃO CONTÁBIL	128
30.1	Comunicação técnica e social	128
30.2	Comunicação – Difusão contábil	128
30.3	Difusão contábil – Reconhecimento contábil	129
30.4	Cotidiano uso e comunicação contábil	129
31	ATUALIZAÇÃO CULTURAL CONTÁBIL	131
31.1	Gargalos contábeis	132

	31.2 Contabilidade – Benefícios	132
	31.3 Contabilidade – Contar	133
	31.4 Contabilidade – Grade curricular	134
32	RAMOS DE ATUAÇÃO – CONTÁBIL	135
	32.1 Endosso profissional contábil – Exclusividade	135
	32.2 Demanda profissional contábil	136
	32.3 Procura-se por contabilista	136

PARTE ONZE
CONSULTORIA ORGANIZACIONAL

33	POR QUE CONSULTORIA...	141
	33.1 Consultoria organizacional – Aziendas	141
	33.2 Habilidades consultivas	141

PARTE DOZE
CONFIANÇA

34	TIPOS DE CONFIANÇA	145
	34.1 Confiança – Contador	145
	34.1.1 Fé pública – Contador	146

PARTE TREZE
CONTABILIDADE – ENTIDADES REPRESENTATIVAS

35	O PAPEL A SER EXERCIDO POR PARTE DE CADA ENTIDADE REPRESENTATIVA CONTÁBIL	149
	35.1 Entidades representativas contábeis – Sintonia	149
36	CIÊNCIAS CONTÁBEIS – PAPEL/SINTONIA SOCIAL – UMA ALTERNATIVA	151

PARTE QUATORZE
LIBERDADE DE EXPRESSÃO – PRUDÊNCIA

37	LIBERDADE/PENSAMENTO/ESTUDO/CONCLUSÃO/SENTIMENTO... – PRUDÊNCIA	155
	37.1 Exercício do pensamento – Viver	155
	37.2 Liberdade – Prudência	155

37.3 Especialista – Manifestação 156
37.4 Atrito – Evolução 156
37.5 Pensamento/Perseverança – Evidência ímpar 157
37.6 Ensino/Saber – Enaltecer 158
37.7 Percepção manifesta – Conclusões... 158
37.8 Exercício do pensamento – Ciência 158
37.9 Contribuição evolutiva – Sentimento de felicidade 158

PARTE QUINZE
INDEPENDÊNCIA FINANCEIRA

38 INDEPENDÊNCIA FINANCEIRA – UMA QUESTÃO CULTURAL... 163
38.1 Fundos patrimoniais – Conveniência 163
38.2 Cultura financeira – Revisão 163
38.3 Dignidade – Patrimônio 164
38.4 Independência financeira – Padrão de vida 164

EPÍLOGO 165

REFERÊNCIAS 166

Introdução

Um dos maiores envolvimentos da humanidade, em larga escala, está voltado ao campo material/financeiro/patrimonial.

Por isso também o constante envolvimento no trabalho em áreas como empreendedorismo, inovação, pesquisa, estudo, migração de regiões, inclusive em apostas, e na governança, na arrecadação e aplicação de erário público, na criação e aplicação das leis, na busca por benefícios em relação ao patrimônio.

E o patrimônio é objeto de estudo das ciências contábeis.

Assim, é imprescindível ter clareza quanto à função social e às finalidades dessa ciência, em linguagem adequada, visando a um melhor entendimento, à compreensão e à utilização, por parte da sociedade em geral, desse extraordinário, útil, necessário e fascinante conhecimento nas relações da humanidade.

É o conhecimento do possível como proposta que leva ao exercício e/ou à busca do necessário, do importante, do útil, do conveniente.

Isso muito em especial perante as áreas afins da contabilidade, a exemplo da administração, da economia e do campo jurídico; e perante protagonistas, integrantes e participantes de aziendas (empresas/instituições), públicas e privadas, com e sem fins lucrativos.

Também para despertar interesse nas carreiras profissionais contábeis, na identificação da importância e da utilidade histórica, sempre atual e contínua necessidade humana quanto à aplicação dessa ciência da contabilidade.

Aos contabilistas, visa o presente trabalho a proporcionar reflexão quanto a conceitos, definição e uso de nomenclaturas relativas ao patrimônio contábil, inclusive quanto à adequada utilização da linguagem, e, por vínculo com área afim de conhecimento, também visa a proporcionar reflexão quanto à área jurídica.

Para quem frequentemente se depara com assuntos relativos ao patrimônio/contabilidade, o conforto, o êxito e propriamente a dignidade na comunicação e interação se ampliam com a leitura de algumas preciosas páginas relativas a esta matéria em pauta.

Este livro foi escrito visando a estar em elevada sintonia com essa proposta de abordagens.

PARTE UM

A RIQUEZA DE CADA UM – E O SEU PATRIMÔNIO

1
Por que a riqueza de cada um...

Ainda que a riqueza seja inicial e diretamente compreendida em relação ao dinheiro/bens/haveres/exclusividades, portanto de caráter material e relativo a valores monetários, e no sentido de abundância, luxo, portanto ao patrimônio, qualquer parcela desses valores é incomparável a caráter, dignidade, liberdade, saúde física e mental, e propriamente quanto ao conhecimento, como valores e essências primários e fundamentais na vida humana.

Basta imaginar quando, por exemplo, a saúde entra em jogo, bem como nos refutados sequestros. É aí que se perceberá com maior amplitude a considerada e efetiva "riqueza"/"valor" no conceito de cada um.

O Rei Salomão, por exemplo, segundo relatos históricos, tem sido considerado como "o homem mais rico do mundo". Suas relevantes contribuições propagadas, percebidas e cultivadas na humanidade são dadas pela sua sabedoria, seus ensinamentos, suas atitudes, suas palavras, muito embora, e certamente, também a sabedoria o tenha levado a tão elevado grau de enriquecimento quanto a valores patrimoniais.

No entanto, diferente de Salomão, que dados os recursos da época, por exemplo, contava com os meios de locomoção por tração animal, por barco a remo/vela, um assalariado desta terceira década do século XXI pode, por exemplo, andar de ônibus, metrô, trem, bicicleta, moto e até mesmo de carro, avião, navio, sem contar que tem a comunicação com a humanidade na palma da mão.

Portanto, riqueza também é uma questão de conceito, e propriamente de grau, especialmente considerando diferentes épocas.

E é nesse sentido o chamamento para uma reflexão quanto a conceitos relativos a patrimônio, riqueza, padrão de vida, qualidade de vida, sustento, sustentabilidade, moradia, saúde, felicidade...

Fé, caráter, família/amigos, saúde, dinheiro – e certamente nessa ordem de prioridades –, podemos considerar como a mais elevada escala de "valor", e, portanto, também de "riqueza".

Nota-se que são todos fatores relevantes na vida humana, dentre outros inúmeros, e o patrimônio, objeto desta abordagem, também tem sua indiscutível relevância.

Já dizia Aristóteles, conforme consta no livro *Política* (tradução de Pedro Constantin Tolens, 6.ª edição, Editora Martin Claret, São Paulo, 2001, 14.ª reimpressão, 2015, p. 233):

> Certamente, ninguém discordará que os bens da vida se dividem em três categorias, a saber: os bens materiais, os bens corporais e os bens da alma, e ninguém há de negar que a felicidade humana depende da obtenção de todas as três.

Qual é o exemplo, a obra, a atitude, a mensagem que se está deixando para a humanidade, além de possível patrimônio a herdeiros, familiares ou não familiares, ao Estado?

Daí a riqueza de cada um...

No entanto, fisicamente somos feitos de matéria, e desta advém a possibilidade de vida, de sustento... – também do possível luxo...

Certamente por isso também existe uma ciência que trata do estudo do patrimônio – as ciências contábeis, inseparável de toda pessoa física e jurídica, ainda que por consequência.

E todos lutam especialmente pela sua própria fartura e pela fartura da sua família, devendo também se levar em conta quem vive nos seus entornos, na sua cidade, Estado, Nação – humanidade...

1.1 Saldo patrimonial

Também o patrimônio de uma pessoa física, ou jurídica (empresa/instituição), por maior que seja sua real expressão monetária, não é necessariamente formada de riqueza patrimonial, pois seu capital pode ser próprio, ou seja, da pessoa investidora na empresa, e também oriundo de lucros, total ou parcialmente; ou mesmo pode ser totalmente financiado, ou ainda o financiamento pode até mesmo representar valor maior que os reais atuais valores de patrimônio existentes na empresa, que, nesse caso, podemos chamar de patrimônio negativo, ou de riqueza negativa. Na linguagem contábil, chama-se de "passivo a descoberto", ou seja, quando aquilo que há efetivamente de valores de caráter monetário na empresa não é suficiente para pagar seus créditos.

Nota-se que um país pode ser considerado rico, enquanto um empresário do mesmo país pode ser de relativa riqueza, ou mesmo de fortuna ou riqueza negativa; ou vice-versa.

1.2 Estudo quanto ao patrimônio individual

Percebe-se, assim, a importância do estudo do patrimônio individual de cada pessoa física ou jurídica na sua utilização/proteção/desenvolvimento. Em especial na viabilidade de cada iniciativa empreendedora para sua continuidade, progresso, geração de riqueza e, consequentemente, proporcionando padrão de vida aos empreendedores, empregados, colaboradores, fornecedores, usuários dos produtos/serviços; e formando erário público para infraestrutura, saúde, segurança, defesa, assistência, previdência social... – Fortalecendo as instituições/a economia...

É nesse campo que entra o objeto de estudo e aplicação do conhecimento das ciências contábeis – o estudo do patrimônio individual; no desenvolvimento, viabilidade e eficácia das "células sociais" individuais, que, no seu contexto, levam ao desenvolvimento de uma sociedade, de um Estado, de uma Nação, e propriamente da humanidade.

Riqueza, portanto, de valor monetário, contabilmente, trata-se de coisas úteis, utilizáveis, necessárias..., de caráter material ou imaterial – patrimônio no que tange à satisfação de entidades pessoas físicas ou jurídicas – compreendidas como "células sociais" individuais, inclusive aquelas públicas.

Padrões mentais, culturas e políticas de Estado são fatores determinantes quanto ao patrimônio individual/geração de riqueza, de onde também provém a arrecadação pública.

Uma sociedade é tanto mais sábia e, portanto, mais próspera, quando uma livraria vende mais livros do que um vendedor de jogos de azar vende apostas numa esquina...

PARTE DOIS

O PATRIMÔNIO – E A CONTABILIDADE

2
Caduceu

O SÍMBOLO DA PROFISSÃO CONTÁBIL

O Caduceu, emblema de Hermes (Mercúrio), protetor do comércio, é o símbolo do equilíbrio moral e da boa conduta. Compõe-se de um bastão (poder) ao redor do qual se enrolam, em sentido inverso, duas serpentes (prudência, sabedoria), tendo na parte superior duas asas (diligência) ou elmo alado (pensamentos elevados).

As serpentes possuem duplo aspecto simbólico: um benéfico e outro maléfico.

O Caduceu representa o antagonismo, o equilíbrio das tendências contrárias em torno do eixo do mundo. Por isso é o símbolo da paz, da enigmática complexidade humana e das possibilidades infinitas de seu desenvolvimento.

A dualidade das serpentes e das asas mostra o supremo estado de força e de autodomínio que pode ser realizado tanto no plano dos instintos (serpente) quanto no nível espiritual (asas).

Fonte: *Boletim CRC-SC*, expedido pelo ato da XVII Convenção dos Contabilistas do Estado de Santa Catarina – Florianópolis (24 a 26/8), 1995, pág. 8.

Símbolo da profissão contábil

O bastão representa o poder e o autodomínio de quem conhece a ciência contábil.

As serpentes simbolizam a sabedoria, isto é, a competência gerada pelo conhecimento e a prudência que se deve ter na escolha do caminho (alternativa) correto.

As asas representam a diligência, a presteza, a solicitude, a dedicação e o cuidado ao exercer a profissão.

O elmo, peça de armadura antiga que cobria a cabeça, significa a proteção contra os pensamentos baixos, que levam a ações desonestas.

Fonte: Boletim *CRC-SC*, expedido pelo ato da XVII Convenção dos Contabilistas do Estado de Santa Catarina – Florianópolis (24 a 26/8), 1995, pág. 8.

2.1 Conduta profissional contábil

Tem-se São Mateus como o Padroeiro da Contabilidade. Segundo relatos, ele teria exercido a função de coletor de impostos e seus respectivos controles, portanto relativos à contabilidade, cuja função também lhe teria rendido relevantes "desconfortos"/"sacrifícios" junto à comunidade.

Chamado por Jesus, pela sua trajetória de vida, foi o autor do primeiro livro do Novo Testamento: MATEUS.

Em relação ao CADUCEU, símbolo da profissão contábil, na proposta de lisura profissional, são trazidos para reflexão os versículos de 8 a 11 do capítulo 4 do livro de Mateus – A Bíblia Sagrada, Antigo e Novo Testamento, em tradução ao português por João Ferreira de Almeida, 2.ª edição, revista e atualizada, 1993, São Paulo:

> 8 Levou-o ainda o diabo a um monte muito alto, mostrou-lhe todos os reinos do mundo e a glória deles
>
> 9 e lhe disse: Tudo isto te darei se, prostrado, me adorares.
>
> 10 Então, Jesus lhe ordenou: Retira-te, Satanás, porque está escrito: Ao Senhor, teu Deus, adorarás, e só a ele darás culto.
>
> 11 Com isto, o deixou o diabo, e eis que vieram anjos e o serviram.

3
Contabilidade – Por que protetora do comércio...

Basta, numa família, querer identificar todos os seus pagamentos efetuados relativos ao mês imediatamente anterior, por exemplo, para imaginar a dificuldade e até mesmo a impossibilidade de fazê-lo quando não houver a existência de comprovantes e/ou de anotações diárias.

Acontece que, historicamente, o exercício do comércio incide numa complexidade de procedimentos de controles, comprovações, identificações, deliberações...

Exemplos: para fins de comprovação quanto a se tratar de material de sua propriedade; movimento comercial (compra e venda); pelo risco de perdas, furtos, roubos, naufrágios, acidentes de trânsito, especialmente quando em realização de vendas externas; cobranças; pagamentos; identificação e comprovação de cobranças e de pagamentos efetuados; haveres; créditos a vencer; fluxo de caixa; compromisso de entregas futuras; apuração e pagamento de impostos; e, em especial, para gestão, na tomada de decisões, a exemplo de quanto à política de vendas a prazo; manutenção ideal de estoques; realização do pagamento ao pessoal de apoio; correta tributação; apuração de resultados na identificação da viabilidade do empreendimento; continuidade/expansão/progresso de seu empreendimento...

Por consequência, incide numa complexidade de responsabilidades comerciais, em relação aos seus múltiplos usuários, e, portanto, também sociais.

Daí a evolução desse conhecimento contábil relacionar-se com o exercício do comércio, pela sua necessária aplicação, muito em especial quanto ao Método das Partidas Dobradas, ou seja, pelo duplo registro de cada valor monetário a débito e a crédito.

Isso propriamente antes da existência da indústria, pois também é de se admitir que antes da existência de produtos industrializados, e propriamente antes da prestação de serviços como exercício empreendedor, tenha se iniciado o processo de trocas de produtos em estado natural, ou por simples beneficiamento artesanal, entre os próprios extratores/produtores. Posterior e sequencialmente, deu-se o início do comércio desses produtos e, ainda, inicialmente, em estado natural, primário, ou por simples beneficiamento artesanal, não industrializados, como negócio/empreendimento.

Leciona Antônio Lopes de Sá, em seu livro *Luca Pacioli, um Mestre do Renascimento*, editado pela Fundação Brasileira de Contabilidade – FBC, em 2004, no qual também traduz o "Tractatus de Computis et Scripturis", do livro *Summa de Aritmética, Geometria, Proportione et Proportionalitá*, de Luca Pacioli:

> p. 25: O processo de registros contábeis que se consagrou por uma "equação" ou igualdade entre o débito e o crédito de contas, alega o emérito professor Federigo Melis, haver surgido na Itália, acredita-se, entre os anos de 1250 e 1280.
>
> Ninguém conseguiu, até os nossos dias, identificar o autor das "partidas dobradas" nem apresentar provas das aplicações destas tal como o fizeram os italianos antes da época referida (embora existam antiquíssimos documentos que autorizam a crer que a intuição para o processo tenha nascido no Oriente).
>
> p. 26: Admite-se que foram os sumero-babilônios os autores do sistema de "débito" e "crédito", baseado na identificação mental do que "é meu" e "é seu".
>
> p. 43: A primeira obra impressa que difundiu as Partidas Dobradas é de autoria de Frei Luca Pacioli e foi inserida em uma obra de Aritmética, Geometria, Proporções e Proporcionalidade, editada em 1494, por Paganino dei Paganini, em Veneza.
>
> p. 45: A intuição científica contábil, que nasceu nos pensadores gregos (Sócrates e Aristóteles)...

Assim, propriamente por dedução, há de se admitir, da histórica necessidade de controles/registros/identificações/apuração de resultados, de forma sistemática, diária, inicialmente a se aplicar, bem como a se desenvolver no setor comercial; inclusive quanto à apuração/arrecadação de impostos, e dízimos – portanto, de procedimentos relativos à contabilidade.

Isso muito embora relatos históricos indiquem que os controles de caráter contábil (na identificação da quantidade e evidência da sua riqueza) tenham se iniciado nas famílias.

Portanto, tudo isso remonta a séculos, milênios...

3.1 Estudo contábil – Início

Inicialmente, antes de serem lecionadas matérias relativas à contabilidade, como cursos de Técnico em Contabilidade, de Ciências Contábeis, foram lecionadas como Comércio.

Fica evidente e notória a estreita e direta ligação do comércio com a contabilidade, que, historicamente, vem sendo associada e propriamente designada como protetora do comércio.

3.2 Assimilação do conhecimento contábil

No entanto, um considerado conhecimento essencial da matéria contábil, em especial quanto à sua função, portanto em relação ao estudo do patrimônio, diz respeito a toda a sociedade, seja em relação a: empreendimentos; setor público, na arrecadação, aplicação e lisura do erário público; entidades do terceiro setor da economia, inclusive em pequenas associações de bairros; instituições políticas, religiosas, fundacionais...

E independente da forma de participação, atuação e/ou vínculo por parte de cada um, como usuário dessas entidades, e, por excelência, ainda que por consequência, usuário da própria contabilidade.

Traz Antônio Lopes de Sá, em seu livro *Teoria da Contabilidade*, 4.ª edição, Editora Atlas, São Paulo, 2008, pág. 23:

> Com a invenção da escrita, desenvolver-se-ia, ainda mais, o sistema de registros, mas, segundo estudiosos da questão, foi a escrita contábil que deu origem à escrita comum e não o inverso.
>
> Na antiguidade, o conhecimento contábil estava limitado ao do registro e suas normas, mas já era aprimorado e também ensinado em escolas, juntamente com os cálculos matemáticos.

A aplicação do conhecimento contábil se intensifica ainda mais, por exemplo, pelos diversos e avançados mecanismos de tecnologia.

3.3 Importância/utilidade/forma de uso

É pela compreensão e identificação da importância e utilidade do ramo de conhecimento que se faz acontecer sua necessária e conveniente busca, aplicação e adequada forma de uso.

Nesse caso – contábil –, o estudo está fundamentalmente voltado ao patrimônio individual das aziendas (empresas/instituições); e propriamente em relação ao patrimônio individual da pessoa física.

Portanto, a contabilidade atua na "eficácia das células sociais" individuais – a resultar em continuidade, progresso, confiança institucional, qualidade de vida... Por consequência, no desenvolvimento econômico, relativo à economia, em benefício do bem-estar de uma sociedade/Nação/da humanidade.

Também para melhor participar, interagir, assumir posições, por parte de cada um, com relevante propriedade, no exercício da cidadania, em relação ao patrimônio, independente da forma de interação ou de função a ser exercida, seja perante entidades pessoas físicas ou jurídicas, públicas ou privadas.

3.4 Contabilidade como ciência protetora das aziendas (empresas/instituições)

Assim, dada a evolução e o dinamismo da ciência contábil, podemos considerá-la como:

> Ciência protetora das aziendas (empresas e instituições)

por serem consideradas inseparáveis da contabilidade.

Por fim, propriamente quanto ao patrimônio, arrecadação e despesas individuais da pessoa física, tem se revelado como objeto sistemático de prestação de contas e de tributação periódica, a exemplo de anuais, perante a União, continuando em vigor nesta terceira década do século XXI, no Brasil, compreendida como "Declaração de Renda Pessoa Física", como alternativa de contabilidade simplificada.

4
Por que o patrimônio está diretamente relacionado à contabilidade...

Na verdade, é a contabilidade que está diretamente relacionada ao patrimônio, pois existe em função dele, patrimônio.

Enquanto isso, patrimônio e contabilidade existem em função das pessoas – jurídicas e físicas. Assim como pessoas jurídicas existem em função das pessoas físicas.

Ainda:

a) o patrimônio existe em função da entidade individual, seja pessoa jurídica, seja pessoa física; e
b) a contabilidade existe para o estudo do patrimônio individual – da pessoa jurídica e da pessoa física.

Dessa forma, a contabilidade, como ciência, estuda os fenômenos relativos ao patrimônio, tanto pelo seu contexto como pelas suas partes individuais, dadas as finalidades da entidade e as mais diversas influências, inclusive sociais e governamentais, que causam efeitos benéficos ou maléficos quanto à eficácia do patrimônio individual, ou seja, de cada azienda (empresa/instituição).

Como o patrimônio se contabiliza individualmente para cada entidade, pessoa jurídica ou pessoa física, mediante sua legal identificação (como seus pertences), o estudo dos fenômenos patrimoniais tem em vista a proteção, o desenvolvimento e a identificação, quanto à eficácia da função de cada parte do patrimônio, bem como do seu contexto.

Tudo isso tendo em vista a eficácia da "célula social" a que o patrimônio pertence; portanto, a cada azienda (empresa/instituição) – inclusive em relação à sua proposta de função social – e propriamente quanto a visão, missão, princípios e propósitos por ela estabelecidos.

No entanto, preservados os fundamentos científicos, a contabilidade também tem a função de levar em conta o mais amplo cenário social possível no que se refere ao contexto dos "movimentos sociais", ou seja: leis; regimes governamentais; economia; política; sociologia; história; filosofia; costumes; tendências...

Nesse sentido, a contabilidade é uma ciência identificada a partir do patrimônio, ou seja, é propriamente uma expressão relativa ao patrimônio.

4.1 Da correlação contábil-administrativa

Toda e qualquer situação em relação ao patrimônio, seja na sua composição, modificação, uso, inércia, exaustão, manutenção, risco, depreciação, inflação, proporção, circulação..., causados ou não por exercício administrativo, trata-se de objeto de estudo dos efeitos do patrimônio, sendo, portanto, de natureza contábil.

Também quando na identificação de reflexos possíveis quanto a propostas/posicionamentos/projetos, planejamentos administrativos, sempre em relação ao patrimônio.

4.2 Influência da função científica contábil – Na administração

Cabe à contabilidade a realização de identificações/registos/relatos/apurações/resoluções/soluções/demonstrações... relativos ao patrimônio.

Dessa forma, por consequência, exerce influência na tomada de decisões, inclusive em atendimento aos mais diversos usuários da contabilidade, de caráter governamental, fiscal, previdenciário, trabalhista, judicial, pericial, social, de devedores, credores/financiadores, na expressão da verdade/realidade patrimonial fundamentada cientificamente.

Nesse sentido, estando a função da contabilidade no exercício do estudo do patrimônio individual de cada "célula social", está, por excelência, também para evidenciar indicativos/parâmetros para fins decisórios.

Porém, não lhe cabe avaliar a administração/gestão, que, por consequência, possa evidenciar.

5
Contabilidade – Ciências sociais

Certamente já é definitivo que a contabilidade integra a área das ciências sociais; muito embora também já tenha sido lecionada – especialmente em cursos de comércio, técnico, científico, entre outros – como ciência exata.

Já em 1836, a Academia de Ciências da França adotou a contabilidade como ciência social; o mesmo fizeram pensadores desta área do conhecimento, como Vicenzo Massi e Antônio Lopes de Sá, cujos relatos se encontram no já citado livro *Teoria da Contabilidade*, p. 41 e 42.

Também há de se levar em conta o seu alcance quanto ao seu exato sentido, em especial pela necessária equação de equivalência entre débitos e créditos, o método das partidas dobradas, cujo tema é abordado neste trabalho. E propriamente quanto a apurações, a exemplo de impostos, de resultados, etc. mediante resoluções matemáticas, portanto, relacionadas à exatidão.

Vai ao encontro da definição de se tratar de ciência social o fato de que, contabilmente, a exatidão numérica quanto à parte técnica na expressão do patrimônio por si só não reflete a importância e o significado do patrimônio, seja perante a própria entidade, seja perante seus usuários e perante a sociedade em geral, pois um mesmo patrimônio, por exemplo, pode ter significado extremamente diferente se for de uma empresa, de uma instituição, pública, ou privada, com ou sem fins de lucro, ou de uma pessoa física.

O mesmo vale quanto à composição do patrimônio, muito em especial quanto aos mais diversos ramos, funções sociais, finalidades e propostas funcionais de cada entidade, pessoa física ou jurídica, quando, por exemplo, um patrimônio imobilizado poder ser demasiado para um ramo e escasso para outro.

Assim, o patrimônio de uma azienda (empresa/instituição) ganha sentido quando dentro de um cenário dinâmico da vida em sociedade/de uma proposta funcional/de uma política de Estado..., e propriamente em tempos distintos, denotando a contabilidade como uma ciência social.

5.1 Contabilidade – Matemática

Notoriamente, as ciências contábeis têm iniciação a partir de números – na identificação, representação, dimensão, resolução, expressão relativas ao patrimônio; por excelência, quanto a valores monetários.

No entanto, é diante da dinâmica e volátil dimensão social que esta ciência possibilita questionamentos, perguntas, respostas, iniciativas, associação de valores, comparações, informações, utilidades, reflexos, escolha de caminhos, percepções, objetivos, metas, estratégias, propostas, entre outras questões, inclusive como alertas para emergências/tendências/importâncias/urgências, por excelência diante da efetiva funcionalidade da entidade na tomada de decisões, mesmo que sempre em relação ao patrimônio.

Isso, ainda que visando à exatidão – na lisura –, seja quanto a respostas culturalmente consideradas como sendo de necessária, constante e mesmo de frequência periódica, a exemplo de balanços e demonstrações contábeis, bem como para as mais diversas respostas que, em relação ao patrimônio, se identificam, se possibilitam, se buscam nesta ciência.

Portanto, nesta ciência social – contabilidade – é usada a matemática, assim como, e independente da natureza da área do conhecimento, e se exata ou social, é usada na física, na química, na engenharia, na biologia, na psicologia, na astronomia – no que tange a resoluções e cálculos.

E é vasta a aplicação da matemática, que acompanha cada passo e momento, calculando alcance, tempo, obstáculos, quantidades, valores, possibilidades, seja no patrimônio, no jogo, na aposta, na dança, na música.

Os cálculos são necessários inclusive no "pulo do gato".

Mesmo que de forma mais rudimentar, e talvez não menos sábia, a matemática foi usada sistematicamente desde os primórdios da humanidade e, portanto, antes dos mais diversos reconhecimentos de áreas científicas.

6
Conceito/Definição – Contábil

Qual é o seu atual conceito de contabilidade? Ou seja: qual a compreensão/imagem/ideia/entendimento/visão quanto à contabilidade, no externar a opinião de forma espontânea?

Isso por parte de cada membro da sociedade em geral, muito em especial do público empreendedor/dos seus representantes de classe; dos membros do setor público, seja de autoridades, seja do funcionalismo; dos profissionais de áreas afins da contabilidade/dos seus representantes de classe; e, por excelência, dos próprios profissionais da contabilidade, do corpo docente de instituições de ensino, dos membros integrantes das academias, dos representantes de classe dessa categoria profissional.

A imagem que se cria de uma área científica é fator essencial na busca de sua adequada assimilação, compreensão, aplicação, valorização, difusão, simpatia, defesa, busca, propagação..., e propriamente quanto ao seu estudo profissional...

Nesse sentido, parece que o mais importante é tratar da difusão dos benefícios da contabilidade, da sua função social, da sua importante e mesmo necessária aplicação, dos seus reflexos sociais. Só assim se alcançará uma adequada formação de conceito por parte de cada um, com o que se fará a formação de uma certa "moda conceitual" sobre aquilo que esta área do conhecimento significa e representa para cada um e para a sociedade.

6.1 Um conceito – Contábil

Para servir de referência, convém se reportar a gênios; no caso, conforme consta no já citado livro *Luca Pacioli, um Mestre do Renascimento*, editado pela Fundação Brasileira de Contabilidade – FBC, 2004, p. 45, referindo-se ao processo das partidas dobradas:

> ... segundo o genial escritor alemão Goethe, foi "uma das mais geniais expressões da inteligência humana".

6.2 Quanto à definição de contabilidade...

Uma definição consistente é fator determinante na organização dos pensamentos, na construção de conceito. Isso em qualquer área do conhecimento.

Assim, na criação de uma definição, mesmo como alternativa, cabe cuidado, estudo, rigor, prudência, considerado grau de conhecimento/perícia no seu manifesto. Ainda mais quando se trata de matéria de caráter científico.

Lecionou Aristóteles, conforme descrito no livro *Órganon*, tradução e notas de Edson Tombini, 3.ª edição, Editora EDIPRO, Bauru – SP, 2016:

> Págs. 544/545:... a definição é, entre todas as coisas, a mais fácil de ser destruída, porém a mais difícil de ser construída, visto que é necessário estabelecer todos os demais pontos pelo raciocínio dedutivo (a saber, que os atributos afirmados [efetivamente] se predicam e que aquilo que foi expresso é um verdadeiro gênero, e que a descrição é peculiar) e, além disso, que a descrição indica a essência da coisa, o que deve ser feito corretamente.
>
> Pág. 498:... uma definição deve obrigatoriamente utilizar a linguagem mais clara possível,... qualquer coisa adicional numa definição se revela supérflua.
>
> Pág. 532:..., pois se for obviamente uma melhor definição e suprir uma melhor indicação do objeto definido, ficará claro que a definição já formulada terá sido derrubada, uma vez que nunca há mais de uma definição da mesma coisa.

Em princípio, em termos de definição, recorre-se ao dicionário; em seguida, a conceituados autores/pensadores sobre o tema correspondente. No entanto, dada a evolução do conhecimento, especialmente quanto a áreas científicas, pode-se tornar adequado inverter esse procedimento de pesquisa... – também com o cuidado e a prudência necessários...

Quanto à contabilidade, relatos trazem que são múltiplas as definições já existentes; e até mesmo conflitantes entre si.

Isso sugere que, em plena terceira década do século XXI, este tema ainda se encontre no campo da admissibilidade, o que ocorre acerca da evolução do conhecimento, cujo tema, ao ser tratado no campo da definição, carece de estar assentado em relevante reflexão, análise, estudo, pesquisa, bibliografia...

No entanto, pela acentuada evolução do conhecimento contábil, inclusive quanto ao seu reconhecimento como ciência, e propriamente no processo de sua admissão como ciência social, é admissível que inúmeros autores tenham externado e venham externando entendimentos diversos, ou até mesmo conflitantes. Mesmo assim, contribuindo no debate, na reflexão, na busca da expressão da verdade, na evolução e consistência desta área do conhecimento e, por consequência, da evolução humana.

Também, já diante desses históricos de definições relativos à contabilidade, certamente qualquer nova alternativa de definição resultará de ajustes pontuais sobre definições já tidas, as quais normalmente também já derivam de outras definições anteriormente elaboradas e propriamente mediante singulares ajustes, a exemplo de inclusão, exclusão, ou substituição de termos.

É feito o mesmo aqui, no entendimento de ainda caber reflexão sobre o tema, na intenção de visar a uma definição apenas com a essência quanto ao seu teor e dando clareza, por sentir convicção quanto ao seu alcance, objetividade, relevância e consistência.

Assim, dada a singularidade da matéria – também visando a proporcionar a assimilação melhor possível da proposta instrutiva que é abordada neste trabalho –, sob a visão deste autor, com o sentimento de contribuição teórica:

> Contabilidade é a ciência que estuda os fenômenos e procedimentos patrimoniais; quanto às suas realidades, causas, evidências e efeitos – em relação à eficácia funcional das células sociais.

Dessa forma, entrando no mérito quanto a:

1. **Fenômenos:** por se referir a fatos/eventos que podem ser identificados, descritos, procedidos e explicados cientificamente; no caso, em relação ao patrimônio, o que, por si só, parece abarcar o núcleo da função social desta ciência.
2. **Procedimentos:** por se tratar muito em especial das teorias relativas a formas de atuação e exposição técnico-científica – em relação ao patrimônio.
3. **Realidades:** por visar a demonstrar aquilo que existe clara e efetivamente – propriamente como espelho quanto à existência patrimonial – em dado momento.
4. **Causas:** por caracterizar buscas na identificação da origem dos acontecimentos/fenômenos.
5. **Evidências:** por tratar do perceptível sobre o patrimônio, como "certeza manifesta", a exemplo de estoque incompatível com o movimento de vendas.

6. **Efeitos:** por estar relacionado ao que resulta da existência/do desempenho do patrimônio – por analogia, associado ao comportamento, a exemplo de frequência, estatística, oscilação de valor...
7. **Em relação à eficácia funcional das células sociais:** por entrar no mérito das finalidades desta ciência – relativamente ao patrimônio individual das aziendas (empresas/instituições).

Observa-se que, nesta proposta de definição, ao se tratar das "suas realidades, causas, evidências e efeitos", entra no mérito apenas quanto a núcleos fundamentais, porém ilustrativos, relativos aos "fenômenos patrimoniais", visando à plena compreensão da matéria. Por tratar-se de uma ciência social, pela sua definição, carece de ser compreendida pela sociedade em geral, além dos estudiosos da contabilidade.

7
Histórica utilidade – Contábil

Contamos com uma vasta bibliografia sobre a história, bem como sobre a utilidade da contabilidade. Das consultas feitas por este autor, apresenta-se aqui um breve relato sobre o tema, no sentido de melhor poder associar o contexto do teor deste trabalho.

Também no sentido de visar a associar cada momento presente e em relação ao futuro do que a contabilidade representa e/ou pode representar para a humanidade...

7.1 Alguns relatos históricos

Segundo relatos históricos, a intuição contábil se manifesta já desde os pensadores gregos (Sócrates/Aristóteles); ganhou evidência no Oriente Médio, no decorrer da Idade Média; teve impulso na era de Luca Pacioli (propriamente como um marco histórico); fundamentou-se em teorias nos séculos XVIII e XIX, e expandindo-se daí para o setor público e às entidades jurídicas como um todo.

Trazido aqui como destaque, Frei Luca Pacioli diz em seu livro *Summa de Arithmética, Geometria, Proportioni et Proportionalitá*, edição Paganino de Paganini, Veneza, 1494, na parte quanto ao "Tratado Particular de Contas e Escrituração", a qual é traduzida por Antônio Lopes de Sá em seu já citado livro *Luca Pacioli, um Mestre do Renascimento*, p. 65. Referindo-se ao comércio, quanto a organização/procedimentos/manutenção/registro das contas, portanto contábil, disse:

> ... porque se não dispuser as coisas ordenadamente ver-se-á em grandes trabalhos e confusões em todos os seus negócios. Fala-se, vulgarmente, que "onde não há ordem, há confusão".

Certamente, estas lições, por si só, bastariam para entender da necessidade da aplicação de conhecimento contábil relativamente ao patrimônio financeiro, de negócios, etc. e propriamente à convivência social.

Neste mesmo livro acima citado: *Luca Pacioli, um Mestre do Renascimento*, lê-se na pág. 42:

Mazendarani... e afirmava que... os negócios do país e o das empresas não poderiam obter êxito sem o uso da contabilidade.

Prenunciou que a corrupção domina onde falta o controle contábil, especialmente no Poder Público. Para cada negócio, afirmou Mazendarani, era preciso estabelecer princípios contábeis próprios e definidos.

Também Karl Marx, em seu livro *O Capital: Crítica da Economia Política*, tradução de Reginaldo Sant'Anna, volume 1, 37.ª edição, Editora Civilização Brasileira, Rio de Janeiro, 2020, p. 412 – tratando das históricas pequenas comunidades indianas dos tempos remotos:

> Junto a essa gente ocupada de maneira uniforme, encontramos o "habitante principal", que é, ao mesmo tempo, juiz, polícia e coletor de impostos; o contador, encarregado da contabilidade agrícola e que cadastra e registra tudo o que a ela diz respeito; um terceiro funcionário...

Estes são alguns dos relatos que justificam o fato de a Contabilidade fazer parte dos alicerces na organização da sociedade humana.

8
Da utilização do conhecimento contábil

Mesmo que inicialmente a contabilidade tenha sido desenvolvida pela necessidade dos comerciantes, e propriamente do Estado e das igrejas, cada pessoa, ainda que em particular, sempre exerceu o controle quanto ao seu patrimônio, ou seja, seus haveres/credores/financeiro..., ainda que por procedimentos de memória.

Aqui, segue um objetivo e sintético relato quanto à utilização do conhecimento contábil:

8.1 Da utilização do conhecimento contábil no setor público

O conhecimento contábil é propriamente indispensável no setor público, seja na lisura arrecadatória, no controle, inclusive orçamentário, na legal aplicação, na transparência – patrimonial/financeira.

Patrimônio público está para a coletividade da sua abrangência... E onde se tem participação se exige controle, honestidade, eficiência e transparência. A contabilidade é o caminho, a verdade e o espelho quanto à eficácia patrimonial – na ciência; na integridade; na decência...

Notadamente nestas primeiras décadas do século XXI o setor público é que mais intensificou a utilização do conhecimento contábil, muito em especial quanto ao conhecimento profissional contábil exercido no setor produtivo e por este financiado.

A necessidade contábil do Estado (principalmente de controladoria e orçamentária) também varia de acordo com a estrutura e a dimensão da proposta função social do Estado, bem como da sua estrutura organizacional, da sua assumida obrigação funcional, das políticas públicas implementadas..., da dimensão estatal.

Também pela qualidade de sintonia entre os Poderes de Estado, entes estaduais e municipais, e propriamente entre os setores/departamentos/instituições do setor público.

Sabe-se que a utilização, por parte do Estado, do conhecimento contábil exercido junto ao setor produtivo é de extrema necessidade e importância no exercício das funções de Estado; no entanto, cabendo coerência e responsabilidade quanto à implementação de obrigações acessórias, assim quanto àquelas principais (tributárias), viabilizando o bom funcionamento, a expansão e o fortalecimento do setor produtivo.

Nesse sentido, uma relevante sintonia do setor público com o setor produtivo, e muito em especial com entidades representativas profissionais contábeis, cujos profissionais são profundos conhecedores das realidades funcionais, das fortalezas e das dificuldades das empresas e instituições, inclusive em relação aos mais diversos ramos de atuação, e portes, dos empreendimentos, é fator fundamental para um elevado nível de funcionamento e êxito por parte dos mais diversos setores da economia, e propriamente quanto ao exercício profissional contábil.

Assim, cabe especial prudência e responsabilidade aos ocupantes dos mais diversos cargos dos Poderes de Estado/de seu quadro funcional, primando pela objetividade e pela essência quanto a obrigações acessórias, inclusive quanto àquelas tributárias a serem atribuídas ao setor produtivo.

Isso no sentido de que esse setor (produtivo) possa utilizar o conhecimento contábil como prioritário na eficácia dos seus empreendimentos e, portanto, na geração de riquezas aos múltiplos objetivos empreendedores/laborais..., e, por consequência, quanto à arrecadação pública, aos mais diversos objetivos econômico-sociais/de Estado.

8.2 Da utilização do conhecimento contábil no setor bancário/financeiro/de crédito...

É natural e mesmo prudente, por exemplo, que toda a parte financiadora vise a identificar a capacidade/possibilidade de pagamento por parte do financiado.

Independente de qual seja a parte financiadora; seja pública, mista, ou privada; seja bancária; seja empresa de fornecimento de produtos, mercadorias, serviços; seja pessoa física.

No entanto, historicamente, o setor de caráter bancário (inclusive cooperativo) é considerado especialista no uso do conhecimento contábil nas relações de crédito – e de atuação constante, periódica, regular, rápida e precisa.

E ganha larga dimensão e extrema relevância no exercício interno de cada estabelecimento desse setor – bancário –, com destaque para o especial controle, segurança, transparência perante seus mais diversos usuários, incluídos o Estado, agências reguladoras, investidores, acionistas, correntistas... – relativo a cada centavo de valor monetário que é confiado nas relações do banco/instituição.

8.3 Da utilização do conhecimento contábil no terceiro setor da economia

Ressalta-se que o considerado "terceiro setor da economia", como instituições privadas (associações/fundações e propriamente sindicatos, partidos políticos e Igrejas), ganha conotação de caráter público, por tratar-se de funções de caráter social, portanto coletivo.

Daí que, tanto quanto a propostas estatutárias, quanto a transparência e prestação de contas (balanço patrimonial/balanço social/demonstrações contábeis/financeiras...), por exemplo, torna-se cada vez mais necessário, visado, solicitado, auditado e propriamente exigido pelos seus mais diversos usuários, a exemplo do seu público financiador/doador/solidário/contribuinte/executor.

Também perante o setor público, no controle quanto ao autorizado exercício de funções/finalidades; legais enquadramentos tributários; benefícios tributários; legal arrecadação e aplicação dos recursos...

Portanto, também nesse setor é indispensável o constante e dinâmico uso/aplicação do conhecimento contábil.

8.4 Da utilização do conhecimento contábil no setor produtivo (comércio/indústria/produção rural/extração/ prestação de serviços...)

É vasta a utilização do conhecimento contábil no setor produtivo.

Exemplos: quanto a viabilidades empreendedoras; escrituração técnica; inventários; balanços patrimoniais/sociais; apuração de resultados; demonstrações contábeis/financeiras; fluxo de caixa; rotatividade de estoques; provisões; projeções; perícias, auditorias; controles e indicativos patrimoniais/financeiros, inclusive de alertas, assim como relativo a valores laborais/previdenciários/materiais/tributação/sustentabilidade/ambientais, etc.

Portanto, atuação em relação ao patrimônio – na geração/utilização/participação/aplicação/destinação/investimento... de riqueza patrimonial – na "eficácia das células sociais".

Diz o Frei Luca Pacioli, em seu já citado livro *Summa de Arithmética, Geometria, Proportioni et Proportionalitá*, quando – na época – a natureza de conhecimento relativo ao estudo do patrimônio, portanto contábil, era difundido/usado, muito em especial para ensinar comerciantes, onde e quando efetivamente se desenvolveu esse conhecimento, e que pela sua evolução passou a ser admitido e reconhecido como conhecimento científico – ciências contábeis; a frase está traduzida no também já citado livro *Luca Pacioli, um Mestre do Renascimento*, p. 70:

> Bem diz o provérbio que é preciso mais esforço para se fazer um comerciante do que a um doutor em leis.

8.4.1 Influência do setor público no setor produtivo

O setor produtivo, perante o Estado como um todo, além das consideradas "obrigações principais" (impostos/tributos/encargos/contribuições...), também sempre está sujeito a "obrigações acessórias", a exemplo de alvarás/atestados de regularidades/autorizações/declarações/inspeções/resoluções..., inclusive quanto a informações trabalhistas, previdenciárias, sociais, ambientais...

E essas obrigações podem mudar quanto à forma de cumprimento/critérios/processamento/apresentação...; portanto, sujeito a simplificação/ampliação/substituição..., e propriamente a serem suprimidas – assim também quanto à natureza e à forma de tributação.

De fato, o Estado carece de exercer um certo e adequado controle sobre o setor produtivo e deste extrair as informações e resoluções necessárias/convenientes ao exercício de função do Estado... – inclusive para a ordem funcional e legal dos empreendimentos, de arrecadação, econômica, social...

No entanto, quando da existência de excesso, e mesmo de abuso, na geração de "obrigações acessórias", na prática acabam por também se tornarem obrigações principais perante o Estado, especialmente diante de punições financeiras (multas/juros/correções), dentre outras formas de penalidades, a exemplo de suspensão/cassação de alvarás, desenquadramentos fiscais/tributários...

Nesse caso, empresas acabam por investir em conhecimento contábil primordialmente em atendimento às exigências do Estado; portanto, ainda que diante da sua necessária importância – invertendo prioridades de investimento, que devem estar voltadas ao estudo patrimonial/financeiro do próprio empreendimento, na sua eficácia.

Isso especialmente por parte das aziendas (empresas/instituições) de menor porte, as quais são a imensa maioria, inclusive na geração de empregos – e mais vulneráveis diante das voláteis e dinâmicas relações de mercado.

8.5 Da continuidade do uso do conhecimento contábil

O desenvolvimento, o envolvimento e a interação humana em relação ao patrimônio/financeiro acontecem de forma extraordinariamente ampla, frequente, veloz, volátil, inevitável..., e mesmo necessária – seja nas relações privadas, seja nas relações públicas, seja nas relações de caráter social...

O uso de conhecimento contábil faz parte da própria organização de Estado, da harmonização e da dignidade humana; e propriamente pela aplicação/utilização do erário público no exercício da função de Estado.

Ampliam-se, com o tempo, os focos de utilização dessa natureza de conhecimento, de acordo com as múltiplas formas de convívio, participações, associações, alcances, leis, regimes governamentais, costumes, políticas públicas; e independente da forma de procedimentos, processamentos, resoluções, como recursos de aplicação, especialmente quanto àqueles tecnológicos.

Assim, toda a sociedade é alcançada, se envolve e se beneficia em relação ao conhecimento contábil relativo ao patrimônio/financeiro. Especialmente através de participações e atuações inclusive laborais, em empresas e instituições, públicas ou privadas; e dos mais diversos meios produtivos/de prestação de serviços...

8.5.1 Da eficácia e do desenvolvimento do conhecimento contábil

É certo que uma adequada grade curricular na escala de formação profissional é ponto essencial na boa formação de qualquer natureza do conhecimento; e que o estudo continuado faz parte da evolução profissional/humana.

Acresça-se que, profissionalmente, é no efetivo exercício/difusão que se mantém ativo e útil o conhecimento adquirido, bem como motiva à geração de novos conhecimentos. Além disso, forma a identificação da específica área de estudo e promove a busca de sua aplicação por parte da sociedade.

Assim, o efetivo exercício profissional contábil associado ao estudo continuado é que desenvolve o próprio profissional contábil na eficácia desta ciência. Ainda que em áreas específicas, dada a amplitude e magnitude de alcance deste nobre ramo do conhecimento, quanto ao patrimônio, como ciência social de histórica, necessária, indispensável e contínua aplicação e utilidade.

A eficácia do conhecimento contábil carece da assimilação desse conhecimento, pelo menos por parte dos principais focos de seus usuários.

8.6 Quanto à essência da contabilidade – Seu exercício

Quanto à essência da contabilidade, ela está sempre sujeita ao humano exercício profissional contábil.

9
Comunicação empresarial/ institucional – Contábil

Esta natureza de comunicação – contábil – vem sendo utilizada desde as mais antigas civilizações, principalmente no meio comercial, em que, no seu exercício, a comunicação está essencialmente relacionada ao patrimônio/financeiro.

Como já vimos anteriormente, relatos históricos indicam que a escrita foi criada e desenvolvida em decorrência do exercício do conhecimento de natureza contábil nas atividades comerciais.

Trata-se de uma linguagem universal e, no que tange ao campo técnico-científico, fundamentada em teorias próprias quanto ao patrimônio/financeiro.

Sua utilização se dá por parte de todos os setores da sociedade usuários do patrimônio, que, inclusive no exercício dos poderes de Estado, na arrecadação, zelo e aplicação do erário público e propriamente na criação e aplicação da Lei, denota o inevitável/necessário/indispensável/constante/auditado/fiscalizado/destinado/arbitrado/estreito... vínculo em relação ao patrimônio/financeiro, ainda que na observância da lei.

Ademais, quanto às instituições que não visam ao lucro, pois, mesmo nas associações quanto ao trabalho voluntário, é fornecido gratuitamente um considerável valor patrimonial, laboral, ainda que as instituições não os reconheçam contabilmente. E é muito menos custoso oferecer para uma entidade certo valor em dinheiro do que certo tempo de dedicação voluntária (que também representa um efetivo valor financeiro) em prol das finalidades da entidade.

Assim, podemos admitir que:

> A linguagem da comunicação empresarial e institucional é de natureza contábil.

9.1 Objeto e forma de comunicação – Contábil

Tem a contabilidade objeto e forma de comunicação...

9.1.1 Objeto de comunicação contábil

Quanto ao objeto de comunicação contábil: trata-se de indicativos/resoluções/apurações/demonstrações/comprovações/evidências/soluções/informações... relativos a valores monetários/quantidades/resultados/fenômenos... patrimoniais – Patrimônio, fundamentado em teorias, sendo, portanto, técnico-científico, para a sua profissional sustentação contábil, na mais ampla dinâmica desta ciência.

9.1.2 Forma de comunicação contábil

Contabilmente, seu objeto de comunicação se identifica/reconhece/traduz...; se comunica/se externa/se expressa... mediante:

a) exposições metodológicas técnico-científicas (balanços/demonstrações/inventários...);
b) expressão de valores monetários;
c) quantidades;
d) números;
e) índices;
f) gráficos;
g) códigos;
h) textos;
i) notas explicativas;
j) livros;
k) palavras...
l) relativos ao patrimônio.

9.2 Fontes de buscas – Contábeis

São inúmeras as fontes de buscas (iniciativas) por indicativos/resoluções/apurações/demonstrações/soluções/informações... contábeis, portanto sobre o patrimônio/financeiro.

Exemplos: gestores; empreendedores; acionistas; empregados/colaboradores; membros de poderes de Estado/agentes públicos; setor bancário/financiador/fornecedor...; entidades representativas, inclusive laborais; investidores...

Ressalta-se que, além daquelas fontes de buscas de interesse interno das aziendas (empresas/instituições), portanto, da parte detentora do patrimônio, também existem aquelas de caráter obrigatório, e propriamente por força de lei; dentre outras fontes usuárias, quando cabível, mediante consentimento da parte empresarial/institucional solicitada.

9.3 Critério/metodologia – Contábil

O exercício contábil é para estar assentado em teorias técnico-científicas próprias desta ciência em relação ao patrimônio; e os critérios e metodologias aplicados existem para levar a identificações/resoluções/resultados/conclusões... e, finalmente, para possibilitar leituras/interpretações lógicas/coerentes/adequadas... para cada objeto de buscas por respostas.

Uma vez isso observado, fazem-se escolhas/criações/usos... de critérios/metodologias adequados e cabíveis para cada procedimento contábil aplicado.

E vai além dos procedimentos de caráter geral e mesmo obrigatório, a exemplo de balanços e demonstrações financeiras/contábeis.

Portanto, também no que tange a procedimentos como objeto de interesse exclusivo de gestão, ou seja, de caráter interno de cada empresa/instituição, pública ou privada, na tomada de decisões.

Exemplos:

a) estudo de viabilidade econômica/financeira;
b) formação de preço de venda;
c) margem de contribuição por produto/mercadoria/serviço..., na formação de resultados;
d) análise de estoques;
e) fluxo de caixa...

9.3.1 Critério/Metodologia contábil – Padronizado

Alguns dos objetos de comunicação contábil são esperados como respostas de caráter geral, ou seja, para as mesmas tradicionais e necessárias buscas/perguntas passíveis de interesse por parte de múltiplos usuários.

Isso ao menos quanto ao objetivo principal daquele específico objeto de comunicação, a exemplo da apuração de uma mesma natureza de resultados, como no caso do resultado líquido de um período; nesse sentido, quanto a balanços e demonstrações contábeis/financeiras; fluxo de caixa...

Portanto, trata-se de objeto a ser realizado sob os mesmos critérios/metodologias técnico-científicos, visando à exatidão.

9.3.2 Critério/Metodologia padronizado – Benefícios esperados

Espera-se como principais benefícios de critério/metodologia contábil – padronizado, fundamentalmente, para chegar a iguais/idênticos resultados/resoluções/indicativos/informações sobre a composição do patrimônio e a natureza de respostas apresentadas e esperadas, fundamentadas em critérios, externando um mesmo/idêntico significado, possibilitando leituras com lógicas possibilidades de interpretações/entendimentos/análises/comparações... em qualquer local e cultura – referente a um mesmo patrimônio e período.

E tudo isso mediante endosso profissional e, portanto, com o caráter de fé pública.

9.3.3 Organismos reguladores de critério/metodologia técnico-científica contábil – Padronizado

O interesse e a necessidade internacional de informações/resoluções sobre patrimônio, portanto contábil, ganha cada vez mais dimensões e importância.

Assim, faz-se necessário que organismos de representações internacionais relativos a essa matéria tratem – como referência – quanto às mais tradicionais resoluções/informações/indicativos... contábeis esperados, e mesmo obrigatórios de serem periodicamente elaborados/publicados...

Dessa forma, implementando padronização quanto a critérios/metodologias técnico-científicas contábeis, visando, internacionalmente, à mais genuína e uniforme expressão da matéria objeto de comunicação contábil, inclusive dado o seu caráter de ciência social.

9.4 Clareza e tempestividade – Contábil

Todo objeto de comunicação contábil é essencialmente útil quando plenamente passível de interpretação (ainda que, para alguns casos, mediante visão profissional) tempestivamente.

10
Nomenclaturas patrimoniais – Contábeis

A contabilidade, assim como outras ciências, está sujeita ao estabelecimento/escolha/uso de nomenclaturas, como termos próprios e adequados em relação ao seu objeto de estudo.
Contabilmente, quanto ao patrimônio.

10.1 Nomenclaturas patrimoniais contábeis – Significado

Assim, nomenclatura patrimonial contábil é a expressão formal de classe/classificação/identificação... quanto ao patrimônio; a exemplo de:

- Créditos
- Débitos
- Bens
- Haveres
- Exclusividades...;

sob a ótica da quantificação monetária, portanto formal.

10.2 Função das nominadas contas/ Classificações patrimoniais – Nomenclaturas

Nesse sentido, as nominadas contas/nomenclaturas patrimoniais – Contábeis – servem para absorver e expressar, em valores monetários, determinadas classificações patrimoniais, especialmente através de contas analíticas; ou de contas sintéticas (as quais juntam e expressam os valores monetários de diversas contas analíticas, ou seja, de determinadas classificações patrimoniais).

10.3 Nomenclatura – Simplesmente

Observa-se que nomenclaturas são apenas nominações/termos/desígnios..., simplesmente nomenclaturas, porém da maior relevância, pois se trata de nome.

Assim, quanto a nomenclaturas patrimoniais, contabilmente, trata-se de partes/de contextos do patrimônio.

E há de se referir adequadamente ao patrimônio como elemento patrimonial.

Assim, é imperioso que, contabilmente, nomenclaturas quanto ao estudo do patrimônio, portanto, como elemento patrimonial, sejam de natureza e vocabulário contábil, na sua singular identificação/expressão/significado...

E deve assim ser estudado/exercido/elaborado/aplicado/escrito/falado/estruturado/externado/propagado/lecionado... de acordo com as nomenclaturas contábeis, para o mais significativo, amplo e adequado entendimento/identificação/assimilação... patrimonial.

11
Leitura/Assimilação do patrimônio – Balanço

A linguagem precisa ser da forma mais objetiva e acessível possível, com a visão de poder servir de conhecimento útil e perdurável, por entender tratar-se de conhecimento de caráter fundamental em relação ao patrimônio.

Assim, segue um breve e objetivo tópico mais voltado ao campo técnico-científico – contábil –, visando a facilitar a leitura/o entendimento/a assimilação quanto ao patrimônio quando apresentado em forma de balanço/balancete – patrimonial.

A leitura/a assimilação/o entendimento depende da metodologia/técnica/ciência – comunicação – profissional contábil, que se origina no meio acadêmico, numa formação cultural, porém também no exercício de difusão junto aos usuários da contabilidade/junto à sociedade em geral.

Assim, esta abordagem também está voltada para uma forte reflexão profissional contábil, especialmente quanto ao uso de nomenclaturas em relação ao patrimônio.

Este breve tópico é também um teor considerado necessário para a sequência do desenvolvimento e entendimento deste trabalho.

Ademais, torna-se imprescindível elencar algumas raízes que fundamentam esse conhecimento, para sua adequada leitura e assimilação.

Isso, considerando que balanço/balancete/demonstrações... patrimoniais são apresentados técnico-cientificamente em nomenclaturas, classificações e em valores monetários ($); portanto formalmente, ou seja, indicativo e quantitativo monetário ($).

11.1 Patrimônio

Por excelência, patrimônio total é o somatório do:

patrimônio devedor – DÉBITO, que chamamos de ATIVO; e
patrimônio credor – CRÉDITO, que chamamos de PASSIVO.

O Doutor em Contabilidade Alexandre Vertes, em seu livro *Iniciação à Dupla Contabilidade Geral*, Editora Otomit, Novo Hamburgo – RS, 1987, p. 16, leciona que:

> O patrimônio é a soma do Ativo e do Passivo:
> ATIVO + PASSIVO = PATRIMÔNIO,
> onde o Ativo e o Passivo aparecem juntos, somados.

Assim, cada elemento patrimonial de uma empresa/instituição:

ou é patrimônio ATIVO – DÉBITO (devedor);
ou é patrimônio PASSIVO – CRÉDITO (credor).

Técnico-cientificamente, nesta abordagem de nomenclaturas, fica assim disposto:

PATRIMÔNIO	
ATIVO – DÉBITO	PASSIVO – CRÉDITO
Bens Haveres Exclusividades	**PROVIMENTO (por terceiros)** Fornecimento Tributo Contribuição Financiamento **PATRIMÔNIO LÍQUIDO** Capital/Fundo Social (+) Lucro/Superávit (+) Prejuízos/Déficit (–)
Total do patrimônio ativo ($)...	Total do patrimônio passivo ($)...

Na sequência deste trabalho, cada parte desta estrutura patrimonial aqui apresentada se pretende deixar amplamente esclarecida.

11.1.1 Patrimônio da pessoa jurídica – Finalidades

Cabe a inicial visão de que uma empresa ou instituição é pessoa jurídica, que é decorrente da criação de lei.

O seu PATRIMÔNIO ATIVO, que é DÉBITO perante os seus créditos, serve para o exercício da sua função social/para os seus fins; e para honrar com o seu PATRIMÔNIO PASSIVO, que é o CRÉDITO (provedores do patrimônio) na formação do seu ATIVO.

Assim, também, desde já se facilita entendimento quanto ao

patrimônio ATIVO, de ser DÉBITO perante os créditos; e
patrimônio PASSIVO, de ser CRÉDITO na composição dos débitos.

11.2 Por que patrimônio ativo – Débito

Ainda há mais um fundamento essencial quanto à classificação de patrimônio ATIVO, e de este ser DÉBITO.

11.2.1 Ativo

É ATIVO porque se trata de patrimônio realmente existente, ou realizável, portanto usável, que está ao exercício de função da empresa/instituição.
Ou seja:

ATIVO – em ação.

Exemplos: dinheiro, estoques, máquinas, veículos.

11.2.2 Débito

Todo o patrimônio ativo é DÉBITO, porque todo o valor patrimonial ativo que existe numa empresa/instituição é decorrente de crédito/passivo, cujo valor é confiado/creditado/deixado em crédito para a empresa/instituição; por cada uma das partes provedoras do patrimônio...

Por isso que todo ATIVO se trata de um
DÉBITO perante o patrimônio credor,

a exemplo de fornecimento de mercadorias; de financiamentos contraídos; de lucros ou sobras existentes/deixados na empresa/instituição; de capital ou fundo social (valores oferecidos para a empresa/instituição, por titular/sócios/acionistas...).

11.3 Por que patrimônio passivo – Crédito...

Da mesma forma que o patrimônio ativo, também há um fundamento essencial quanto à classificação como patrimônio PASSIVO e de este ser CRÉDITO.

11.3.1 Passivo

É PASSIVO porque se trata simplesmente da identificação da origem do patrimônio ativo, portanto apenas indicativo de que forma é provido; ou seja:

PASSIVO – identificativo/figurativo de existência/que não está em ação/inerte...).

Exemplos: valor indicativo quanto a fornecimento de mercadorias; financiamentos.

11.3.2 Crédito

Patrimônio passivo é CRÉDITO, porque todo o valor patrimonial passivo é valor confiado para a empresa/instituição formar o seu patrimônio ativo.

Ou seja, trata-se do provimento patrimonial, sendo, fundamentalmente:

- fornecimento – que é provido por fornecedores;
- tributo – que é provido por lei (Estado), sobre vendas/lucros da empresa/instituição;
- contribuição – que é provido por lei (Estado), sobre vendas/lucros da empresa/instituição;
- financiamento – que é provido por instituições de créditos; e
- patrimônio líquido – que é provido:

  a) por titular/sócios/acionista; e por lucro (quando existente) – quando for EMPRESA; e
  b) por associado; e por sobra/superávit (quando existente) – quando for INSTITUIÇÃO.

Por isso que todo PASSIVO se trata de um CRÉDITO, ou seja, na formação do patrimônio ativo (o qual é de real existência/realização).

11.4 Débito – Crédito – Igualdade de valor ($)

É natural que, por consequência lógica:

se existe uma parte DEVEDORA – patrimonial,
existe uma parte CREDORA – patrimonial.

Portanto:

existe o PATRIMÔNIO ATIVO (devedor) – DÉBITO;
e existe o PATRIMÔNIO PASSIVO (credor) – CRÉDITO;

então,

o montante do valor monetário "$" de DÉBITO
sempre será igual ao montante do valor monetário "$" de CRÉDITO.

Ou seja:

ATIVO (débito) = PASSIVO (crédito)

Assim:

todo o valor de patrimônio de uma empresa/instituição é expresso em valor monetário "$":

50% é PATRIMÔNIO ATIVO – DEVEDOR; e
50% é PATRIMÔNIO PASSIVO – CREDOR.

11.5 Partidas dobradas

Na aplicação do aqui já mencionado no item 6.1, parte 2, deste livro, o considerado genial "Método das Partidas Dobradas" leva a fazer com que:

a) para cada valor monetário "$" contabilizado em DÉBITO,
b) também é contabilizado o mesmo e igual valor monetário "$" em CRÉDITO.

E isso faz com que o valor total de DÉBITO seja

sempre, sempre, sempre...
igual ao valor total de CRÉDITO.

Assim:

DÉBITO = CRÉDITO.

E independente de se tratar de contas patrimoniais ou de contas de resultados, o que se esclarece a seguir.

11.6 Contas patrimoniais – Contas de resultado

Existem as contas patrimoniais e as contas de resultado.

Contas patrimoniais e contas de resultado são controles individuais em valor monetário.

11.6.1 Contas patrimoniais

Contas patrimoniais são aquelas que identificam o patrimônio de uma empresa/instituição; ou seja:

contas do ATIVO – DÉBITO; e
contas do PASSIVO – CRÉDITO,
que, de forma sintética, também são apresentadas em forma de balanço patrimonial.

Assim, nesta proposta de nomenclatura (também conforme já acima exposto), segue um exemplo:

PATRIMÔNIO	
ATIVO – DÉBITO	PASSIVO – CRÉDITO
Bens Haveres Exclusividades	**PROVIMENTO (por terceiros)** Fornecimento Tributo Contribuição Financiamento **PATRIMÔNIO LÍQUIDO** Capital/Fundo social (+) Lucro/Superávit (+) Prejuízo/Déficit (−)
Total do patrimônio ativo ($)...	Total do patrimônio passivo ($)...

que, a partir dessas contas sintéticas (dentre outras que por consequência de função acontecem/se fazem necessárias), criadas em plano de contas, também são criadas todas as

contas analíticas, ou seja, específicas,
como detalhamento de cada um desses grupos de contas sintéticos, de acordo com a necessidade de cada azienda (empresa/instituição).

Como exemplo, quanto a bens, pode ser detalhado por meio de contas analíticas, como:

- bens móveis;
- bens imóveis;

e, ainda, cada uma dessas subcontas pode se fazer necessário incidir em novos detalhamentos...

11.6.2 Contas de resultado

Contas de resultado são todas aquelas de receitas e de custos e despesas, que são controlados separadamente do patrimônio, sendo que custos se refere ao custo das mercadorias, dos produtos e dos serviços vendidos e despesas, a todos os demais gastos ocorridos no período. Exemplo (para visualização):

CONTAS DE RESULTADO	
CUSTOS E DESPESAS – DÉBITO	**RECEITA – CRÉDITO**
CUSTOS Custo das mercadorias vendidas **DESPESAS** Energia elétrica Salários Honorários Pró-labores	Revenda de mercadorias Prestação de serviços .....

de que, em cada determinado período – de um ano, por exemplo – apura-se o resultado; ou seja, confrontando o saldo total do custo e da despesa com o saldo total da receita, para saber se houve:

a) lucro/superávit;
b) prejuízo/déficit; ou
c) se o resultado/saldo foi neutro, ou seja, igual a zero,

sendo que o saldo, quando positivo ou negativo, é transportado para o PATRIMÔNIO (patrimônio líquido) no PASSIVO – CRÉDITO, incluindo no valor:

a) de lucro/superávit – se o resultado foi positivo (+); ou
b) de prejuízo/déficit – se o resultado foi negativo (–).

Assim, zerando todas as contas de resultado (CUSTO, DESPESA e RECEITA) – em cada final de período de apuração de resultado,
para início de um novo período de apuração de resultado.
Observa-se que, obviamente:

a) se o resultado/saldo do período for positivo, vai aumentar o saldo do patrimônio líquido; e
b) se o resultado/saldo do período for negativo, vai reduzir o saldo do patrimônio líquido.

A efetiva apuração de resultado é de caráter técnico-científico contábil, assim como sua adequada escrituração.
Ademais, observa-se que:

a) CUSTO e DESPESA – DÉBITO: é efetivamente onde esses valores patrimoniais foram aplicados/gastos, e por isso trata-se de DÉBITO; e
b) RECEITA – CRÉDITO: é efetivamente a indicação de onde esses valores se originaram (origem dos valores). Por isso trata-se de CRÉDITO.

11.6.3 Contas patrimoniais e contas de resultado – Mesmo critério de débito e crédito

Lógica e notadamente, as contas de resultado seguem o mesmo raciocínio e critério de contabilização das contas patrimoniais, ou seja:

a) quanto a ser DÉBITO:
   – No PATRIMÔNIO, onde o patrimônio (valor) efetivamente se encontra aplicado/em realização, ou seja, no ATIVO; e

- Em CUSTO e DESPESA, onde efetivamente o valor monetário "$" foi aplicado/gasto na formação de resultado de um período.

b) quanto a ser CRÉDITO:

- No PATRIMÔNIO, como valor indicativo de provimento (fonte provedora/crédito patrimonial); e
- Em RECEITA, como valor indicativo de geração de receita/arrecadação na formação de resultado – Crédito.

11.6.4 Débito/Crédito

Como já foi visto, pelo Método das Partidas Dobradas cada valor monetário "$" lançado a DÉBITO também é lançado a CRÉDITO.
Então:

a) seja o valor lançado a débito em contas patrimoniais ou em contas de resultado,
b) assim como, também,
c) seja o valor lançado a crédito em contas patrimoniais ou em contas de resultado,

sempre o montante do valor monetário "$" de débito será igual ao montante do valor monetário "$" de crédito.

Ainda, o valor monetário "$" lançado a débito:

a) pode ser em conta de débito, aumentando seu saldo devedor; ou
b) pode ser em conta de crédito, diminuindo seu saldo credor.

Assim como o valor monetário "$" lançado a crédito:

a) pode ser em conta de crédito, aumentando seu saldo credor; ou
b) pode ser em conta de débito, diminuindo seu saldo devedor.

Tão simples que é apenas escrever (lançar) o ocorrido, a exemplo de ter um financiamento de $ 2,00, que é crédito; pagando $ 1,00, lançando a débito por ter feito o pagamento, vai sobrar $ 1,00 de crédito a pagar.
Ademais:

a) todo o saldo de contas devedoras – DÉBITO – sempre deverá ser "devedor", ou igual a "zero"; e
b) todo o saldo de contas credoras – CRÉDITO – sempre deverá ser "credor", ou igual a "zero".

Por fim, o confronto entre custo e despesa com receita (em cada período desejado) carece de ser apurado e levado o seu saldo para o patrimônio líquido, portanto para o PASSIVO.

Isso para que o balanço patrimonial tenha o ATIVO e o PASSIVO exatamente iguais.

11.7 Instruindo com o exemplo de $ 1,00

Nesta proposta instrutiva, visando a facilitar a leitura/o entendimento sobre o patrimônio quando apresentado em forma de balanço patrimonial, neste momento do estudo já podemos exemplificar.

Aqui, instruindo com o exemplo de $ 1,00 quanto ao critério de contabilização de cada valor monetário "$" patrimonial, sendo que, como já vimos anteriormente, o mesmo e igual valor monetário "$" patrimonial é sempre contabilizado a DÉBITO e também a CRÉDITO.

Portanto, contabilizando/identificando:

a) onde o patrimônio efetivamente se encontra aplicado/existente/em realização no ATIVO; e
b) a forma do seu provimento, que se identifica no PASSIVO.

O raciocínio serve para qualquer valor monetário "$" patrimonial, tanto para (+), quanto para (–).

Aqui se trata apenas de contas patrimoniais e com a finalidade de visualizar/entender o patrimônio quando apresentado em forma de balanço; portanto, não se entra no mérito quanto a contas de resultado.

Exemplo: um sócio de uma empresa, na formação de seu capital, subscreveu (prometeu) e integralizou (entregou/depositou) o valor de $ 1,00, em dinheiro, conforme consta no contrato social da empresa, sendo que, após devidamente contabilizado, e, sendo este o único patrimônio da empresa naquele estático momento, ficou assim disposto para visualização do patrimônio:

PATRIMÔNIO	
ATIVO – DÉBITO	PASSIVO – CRÉDITO
Dinheiro (caixa).....................$ 1,00	Capital social (provido por sócio).........$ 1,00
Total do patrimônio ativo: $ 1,00	Total do patrimônio passivo: $ 1,00

sendo:

ATIVO = PASSIVO;

e que:
- a) o ATIVO é composto por disponibilidade (dinheiro/caixa), $ 1,00; e
- b) o PASSIVO (provimento patrimonial) é composto por capital social (provido por sócio), $ 1,00.

11.8 Capital social – Fundo social

Também é de relevância o entendimento quanto a essas terminologias/nomenclaturas – Contábeis:

Capital social; e fundo social – referentes ao patrimônio líquido.

11.8.1 Capital social

Capital social – refere-se ao valor patrimonial que é subscrito (oferecido)/integralizado (entregue) por sócios/titular/acionista a uma empresa, ou seja,

COM FINS LUCRATIVOS,
e por isso nominado de
CAPITAL,
por se tratar de patrimônio utilizado para visar ao lucro; portanto, como
CAPITAL DE RISCO.

11.8.2 Fundo social

Fundo social refere-se ao valor patrimonial que é subscrito (oferecido)/integralizado (entregue) por sócios/titular/acionista a uma INSTITUIÇÃO, ou seja,

SEM FINS LUCRATIVOS
e por isso nominado de
FUNDO SOCIAL,
por se tratar de um patrimônio
SEM VISAR AO LUCRO.

11.9 Lucro/Prejuízo – Superávit (sobras)/Déficit

Na comunicação contábil e na leitura do patrimônio, cabe ainda pleno entendimento quanto aos termos *lucro/prejuízo – superávit (sobras)/déficit*.

11.9.1 Lucro/Prejuízo

Lucro/Prejuízo refere-se a EMPRESAS, portanto que visa ao lucro.

Por isso que o RESULTADO de um exercício (quando diferente de zero) se compreende como:

a)   lucro – quando positivo; e
b)   prejuízo – quando negativo.

Acontece que o contrário do esperado é prejuízo se a entidade jurídica tem finalidade de lucro.

11.9.2 Superávit (sobra)/Déficit

Superávit (sobra)/Déficit refere-se a INSTITUIÇÕES, públicas ou privadas, que não visam ao lucro.

Por isso que o SALDO de um exercício (quando for diferente de zero) se compreende como:

a)   superávit (sobra) – quando positivo; e
b)   déficit – quando negativo.

Acontece que, se a entidade for sem fins lucrativos, não há que se tratar de lucros ou prejuízos de qualquer período de apuração de saldos; porém, pode incidir em superávit (sobras) ou déficit.

11.10 Patrimônio – Um exemplo (comentado)

Com base no teor deste trabalho até aqui realizado, torna-se possível, ao menos quanto ao aspecto fundamental, entender/assimilar/fazer a leitura... do patrimônio quando apresentado em forma de BALANÇO PATRIMONIAL, o que é um dos objetivos deste trabalho.

Assim, podemos discorrer (de forma comentada e objetiva) sobre um exemplo básico/simplificado de patrimônio EMPRESARIAL, portanto que visa ao lucro; no entanto, serve também para o entendimento quanto ao patrimônio de INSTITUIÇÃO.

| PATRIMÔNIO ||
ATIVO – DÉBITO	PASSIVO – CRÉDITO
DISPONIBILIDADE...................... $ 2,00 Dinheiro (caixa)...................... $ 1,00 Saldo (bancário)...................... $ 1,00 **HAVER**.. $ 1,00 Devedor...................................... $ 1,00 **ESTOQUE**.................................. $ 1,00 Mercadoria............................... $ 1,00 **IMOBILIZADO**............................ $ 2,00 Mobília.. $ 1,00 Veículo.. $ 1,00	**PROVIMENTO (por terceiros)**............... $ 4,00 **Fornecimento**..$ 2,00 Fornecimento de mercadoria........ $ 1,00 Fornecimento de serviço................. $ 1,00 **Financiamento (bancário)**................. $ 2,00 Banco XYZ..$ 2,00 **PATRIMÔNIO LÍQUIDO**......................... $ 2,00 Capital social (provido por sócio)... $ 1,00 Lucro.. $ 2,00 Prejuízo... (-) $ 1,00
Total do patrimônio ativo $ 6,00	**Total do patrimônio passivo $ 6,00**

11.10.1 Leitura do patrimônio

Aqui, fazendo a leitura/assimilação desse exemplificado quadro patrimonial, podemos identificar, por exemplo:

a) que o total do patrimônio ATIVO (débito) é igual do total do patrimônio PASSIVO (crédito): $ 6,00;

b) que o patrimônio total é o (ativo R$ 6,00 (+) passivo R$ 6,00) = R$ 12,00;

c) que o patrimônio ativo é composto por: disponibilidade, $ 2,00; haver, $ 1,00; estoque, $ 1,00; e imobilizado, $ 2,00;

d) que a disponibilidade é composta por: dinheiro (caixa), $ 1,00; e saldo (bancário), $ 1,00;

e) que o haver é composto por: devedor, $ 1,00;

f) que o estoque é composto por: mercadoria, $ 1,00;

g) que o imobilizado é composto por: mobília, $ 1,00; e por veículo, $ 1,00;

h) que o patrimônio passivo (crédito) é composto por: provimento (por terceiros – alheios da empresa), $ 4,00; e patrimônio líquido (capital social – próprio), $ 2,00;

i) que o provimento (por terceiros) é composto por: fornecimento, $ 2,00; e financiamento (bancário), $ 2,00;

j) que o fornecimento é composto por: fornecimento de mercadoria, $ 1,00; e fornecimento de serviço, $ 1,00;
k) que o financiamento bancário é composto por: Banco XYZ, $ 2,00;
l) que o patrimônio líquido é composto por: capital social (provido por sócio), $ 1,00; por lucro, $ 2,00; (reduzido) por prejuízo (–), $ 1,00 (–);
m) que, se fosse liquidar/extinguir a empresa, indica que:

- utilizando patrimônio ativo (débito) para pagar o provimento (feito por terceiros – alheios à empresa), portanto de patrimônio passivo – crédito, que é igual a $ 4,00;
- restariam $ 2,00 de patrimônio ativo (débito), para pagar os valores de PATRIMÔNIO LÍQUIDO, no valor de $ 2,00, que é pertencente a sócio.

Dessa forma:

- liquidando/zerando o patrimônio; e
- extinguindo a empresa (mediante atos legais...), em que, obviamente, incidem despesas.

Nota-se que a sequência da composição do ativo está por ordem de liquidez, ou seja, pela ordem em que é mais fácil converter patrimônio ativo em dinheiro (caixa), para honrar com os créditos – passivo, assim como a composição do passivo visa a estar por ordem prioritária de vencimento de crédito.

Ressalta-se que este exemplo não entra no mérito de demonstrações contábeis, bem como de estrutura, análise e interpretação de balanço, mas, sim, entrando no mérito quanto à leitura/assimilação do patrimônio apresentado em forma de balanço, que é o objetivo desta abordagem.

11.11 Patrimônio – Débitos e créditos

Encontramos no já citado livro *Luca Pacioli, um Mestre do Renascimento*, editado pela Fundação Brasileira de Contabilidade – FBC, 2004, que, em comentário aos textos de Pacioli, na p. 186, diz:

> Os elementos do ativo, pois, consideram-se "devedores"... Pacioli divide os bens em três grandes classes: "o dinheiro", "os realizáveis" e o "imobilizado".

Embora ele não se utilize de denominações para classificar tais grupos, na realidade, os reúne em sua exposição, evidenciando que assim os considerava.

Percebemos, pois, que, mesmo que Pacioli evidencie entrar no mérito de classificação do ativo a exemplo de quanto à classe de bens, o considerava como DÉBITO; e o passivo como CRÉDITO.

Também nesse sentido, tendo que patrimônio é o contexto de débitos e créditos, certamente é a definição de patrimônio de caráter contábil mais contundente, de extrema objetividade (adequado para uma definição); e, pelo caráter de ciência social, portanto da necessidade de entendimento popular, bem como para uma forte reflexão junto ao quadro acadêmico/profissional contábil, e propriamente de áreas afins desta, faz pensar em aditar informações mediante nomenclaturas complementares, porém estruturais, no sentido de facilitar o entendimento e a comunicação no que tange a patrimônio.

11.12 Patrimônio/Nomenclaturas – Uma reflexão

Quanto ao uso de nomenclaturas relativas ao patrimônio, dada a relevância da matéria e, pela influência de outras áreas do conhecimento, especialmente do campo jurídico, também pelo curso evolutivo das ciências contábeis, têm levado a inúmeras definições em desacordo com a linguagem contábil quanto ao patrimônio.

Assim, na sequência, segue uma objetiva, porém profunda abordagem quanto a nomenclaturas relativas ao patrimônio, visando a uma contribuição de caráter profissional contábil, quanto à classificação do patrimônio e, por consequência, quanto a uma definição de patrimônio em benefício da linguagem e da comunicação contábil.

PARTE TRÊS
HAVERES

12
Por que haveres...

Estamos tratando de nomenclatura/classificação/tipo/natureza patrimonial.

Este tópico de classificação patrimonial – haveres – é, nesta proposta de estudo, de elevada importância na identificação do patrimônio como elemento patrimonial.

12.1 Haveres – Justificativa

Trata-se de uma natureza de patrimônio – haveres – sendo objeto de possível realização, pois, efetivamente, ainda não está na entidade (empresa/instituição).

Isso, por depender de realização para sua existência como objeto de efetiva utilização, a exemplo de caixa, saldo bancário...

12.2 Haver – Como definição

Segundo o *Dicionário Aurélio*, haver:

> 17. A parte do crédito na escrituração comercial. V. haveres.

Observa-se, por exemplo, que, se uma empresa vendeu mercadoria a prazo, esta empresa é que foi a fornecedora do crédito, que foi a parte credora/provedora da operação creditícia mercantil, perante o seu cliente (comprador).

Dessa forma:

a) a empresa fornecedora tem o comprador como seu devedor; e
b) o comprador tem a empresa como sua credora/fornecedora.

No caso, a empresa fornecedora é "a parte do crédito na escrituração comercial"/a parte que forneceu o crédito, cujo patrimônio relativo à operação de venda resulta em haver.

Portanto, o nome do patrimônio da empresa referente à operação comercial de venda a prazo, como elemento patrimonial, trata-se de haveres, que faz parte do seu patrimônio ativo – débito.

12.3 Haveres patrimoniais

Ressalte-se que, contabilmente, trata-se de classificação de natureza do patrimônio; no caso, haveres; e não de classificação do público usuário da empresa/instituição em relação ao patrimônio, ainda que, final e analiticamente, também se os identifiquem e que se os controlem, a exemplo de cada pessoa devedora.

Dessa forma, caracteriza a classificação de uma natureza de patrimônio – haveres, como um patrimônio possível de realizar.

12.4 Haveres – Significado

Ademais, haveres trata-se de um termo relativo a bens; riqueza – é "substantivado do verbo *haver*", relativo a ter/conseguir/possuir/alcançar/obter/..., que, por substantivado/"tornado substantivo", ou seja, "que por si só designa a própria substância..."; portanto, relacionado à existência e, no caso patrimonial, contabilmente como haveres, cujo patrimônio é passível de realização, a exemplo de converter-se em disponibilidade (dinheiro/caixa).

12.5 O que a entidade pessoa física ou jurídica pode ter como haveres patrimoniais...

Dentro do contexto do patrimônio de cada um, normalmente ocorre ter valores patrimoniais a receber, ou seja, seus haveres.

Podem ser de inúmeras naturezas/origens. Exemplos:

1. De uma entidade – pessoa física –, decorrente de:

    a) venda de um imóvel de sua propriedade: terreno, casa...;
    b) serviços prestados: salários a receber;
    c) vendas de produtos rurais: milho, batatinha, arroz...;
    d) imposto a restituir (por ter pago a maior/indevidamente).

2. De uma entidade – pessoa jurídica –, decorrente de:

    a) prestação de serviços: do(s) ramo(s) da(s) sua(s) atividade(s);
    b) venda de produtos da sua industrialização;
    c) revenda de mercadorias;
    d) saldo de impostos a recuperar/restituir (por ter pago a maior).

12.6 Forma documental de haveres

A legalidade/validade/moda... documental quanto a haveres é variável ao longo dos tempos, de acordo com os costumes, as leis, os recursos em vigência...; e principalmente decorrente da evolução tecnológica.

Alguns exemplos:

a) notas promissórias;
b) notas fiscais;
c) duplicatas;
d) cheques;
e) contratos;
f) declarações;
g) testemunhos;
h) meios eletrônicos...

Também existem fatores quanto a: confiança; boa-fé; constrangimentos; moralidades...

12.7 Haveres de difícil realização

A entidade, seja pessoa física ou jurídica, pode incidir em haveres de difícil realização, ou seja, de difícil cobrança; ou de cobrança parcial de seus haveres, no caso incidindo em perdas do seu considerado patrimônio.

Nesse sentido, cada um, principalmente para fins de previsão quanto a fluxo de caixa/resultados..., convém estabelecer controles estatísticos, como previsão/precaução, quanto a haveres duvidosos.

Em certas circunstâncias, pode incidir na conveniência de sua baixa, ou seja, retirando/baixando o referido valor do seu patrimônio como perdas.

Isso, para a melhor clareza quanto ao seu considerado patrimônio; e na tomada de decisões, especialmente para a prudência quanto ao comprometimento de gastos, dentre outros comprometimentos de valores monetários que implicam diretamente o fluxo de caixa/no exercício financeiro/na "saúde financeira" da entidade, seja pessoa física ou jurídica.

13
Haveres – Um entendimento

Permite, sob esta ótica aqui abordada, a compreensão de que os valores patrimoniais que uma entidade pessoa física ou jurídica tenha a receber tratar-se de **haveres**, e de assim serem tratados.

Até mesmo porque esses valores – em princípio tidos como patrimônio da entidade – podem efetivamente não vir a se realizar, por falta de pagamento.

São os valores de caráter monetário a receber, portanto patrimoniais, de qualquer entidade, pessoa física ou jurídica, a serem nominados, e tratados, como **haveres** – por nomenclatura de caráter patrimonial – contábil.

PARTE QUATRO

EXCLUSIVIDADES PATRIMONIAIS

14
Por que exclusividades patrimoniais...

Pode que um patrimônio seja legalmente de exclusividade de uma entidade pessoa física, ou jurídica.

E está relacionado ao intangível, ou seja: como algo "em que não se pode tocar; impalpável, intátil, intocável".

Exemplos: marcas; patentes; autorias...

14.1 Exclusividades – Impedimento de terceiros

Qualquer patrimônio pertencente a uma entidade pessoa física, ou jurídica, mediante legal exclusividade, significa tratar-se de objeto de impedimento de terceiros.

E é por isso que se pleiteia a exclusividade, fazendo com que seja objeto patrimonial de uma entidade detentora do referido patrimônio, seja pessoa física ou jurídica.

Isso quando a exclusividade for conferida legalmente, perdurando enquanto sustentado por garantia de ordem legal, sob pena de vulnerabilidade.

Por analogia, o referido patrimônio – exclusividade – está como que sob um "para-raios" – proteção de ordem legal, como impedimento de terceiros ao uso/domínio/propriedade/benefício/interesse..., mas exclusivo da entidade detentora desse patrimônio, como objeto patrimonial de sua exclusividade.

15
Exclusividades – Nomenclatura

Esta natureza de patrimônio/elemento patrimonial/valor patrimonial – exclusividades –, dadas as suas peculiaridades, inclusive no que tange à sua atribuição de valor monetário, sugere ser de identificação/nominação própria na classificação do patrimônio; e propriamente a ser mencionado na definição de patrimônio.

Isso no sentido de se tornar perceptível, compreendido, identificado, assimilado... de uma forma peculiar no contexto do patrimônio, dada a sua peculiar natureza, no caso intangível.

E parece mesmo de assim melhor expressar o seu verdadeiro significado patrimonial, ou seja, sendo classificado por nome/nomenclatura/de patrimônio como:

exclusividades.

Ademais, esta nomenclatura – exclusividades –, além de expressar a natureza de uma classe patrimonial, também serve para expressar que o referido elemento patrimonial é exclusivamente de um patrimônio que, por ser intangível, carece de ser caracterizado como elemento único e exclusivo da entidade pessoa física ou jurídica que legalmente o detém, o que vai além de dizer tratar-se de pertence.

PARTE CINCO

BENS PATRIMONIAIS

16
O que se compreende por bens patrimoniais...

Ao se tratar de patrimônio, tanto contabilmente quanto por parte de áreas afins da contabilidade, inclusive em relação à definição de patrimônio, é comum e mesmo natural que primeiramente venha à memória o termo **bens**.

Acontece que esse termo entra no mérito de diversas áreas do conhecimento, alcançando, pelo menos, além do contábil, também do jurídico, do econômico e do administrativo.

Neste trabalho, a abordagem quanto a bens é trazida após o estudo realizado sobre haveres e exclusividades, no sentido de mais facilmente poder diferenciar suas consideradas distinções, na intenção de formar uma classificação estrutural plausível quanto a nomenclaturas relativas ao patrimônio ativo – DÉBITO – numa linguagem contábil sobre o que na sequência é discorrido.

16.1 Bens patrimoniais – Contábil

Acontece que, inicialmente, em relação à natureza do patrimônio – contábil –, o sentido de **bens** também incide em inúmeras formas de classificação e subclassificação e propriamente de forma abrangente. Exemplos:

a) bens móveis: que podem ser removidos de um local para outro;
b) bens imóveis: que – em princípio – não podem ser removidos de um local para outro;
c) bens fungíveis: que podem ser substituídos por outros da mesma natureza, como no caso de "moeda corrente nacional";
d) bens semoventes: animais;
e) bens tangíveis: físicos (tocáveis);
f) bens intangíveis (intocáveis)...

Assim, inicialmente, o termo **bens**, por si só, compreende toda natureza de bens patrimoniais; portanto, também quanto a **haveres** (que são realizáveis) e **exclusividades** (que são intangíveis), a exemplo de marcas e patentes.

No entanto, para a melhor compreensão do patrimônio ativo, carece de um singular e sintético detalhamento estrutural, o que na sequência se justifica.

16.2 Bens patrimoniais – Detalhamento

Notadamente, para a melhor compreensão da composição do patrimônio ativo – débito –, fica evidente neste estudo o termo *bens* referir-se à classificação de todos aqueles:

tangíveis (tocáveis) – e, portanto, já realizados, a exemplo de:

a) disponibilidades (caixa);
b) saldos bancários;
c) estoques;
d) veículos;
e) móveis;
f) imóveis...

E também propriamente quanto a investimentos, compreendidos como participação em negócios externos da empresa, a exemplo de aplicações na Bolsa de Valores/participações societárias..., que são formas diretas de aplicação de valores; em princípio, tidos como realizados e, portanto, compreendidos como bens. Isso se justifica até mesmo porque investimento está relacionado a finalidades de lucros; no entanto, a classificação estrutural de patrimônio, inclusive no que tange à sua definição, deve contemplar o possível contexto de patrimônio de forma genérica e, portanto, também no que tange a instituições – que não visam ao lucro.

17
Patrimônio ativo – Subdivisão

O conhecimento científico, quanto a sua essência, não pode ser influenciado por aspectos culturais.

Nesse sentido, o patrimônio ativo é DÉBITO, ou seja, onde efetivamente o patrimônio se encontra aplicado/destinado/existente; e é débito por fazer frente e em igual valor ao CRÉDITO.

Ainda, quanto ao patrimônio ativo – DÉBITO, em benefício da comunicação contábil, convém ser objeto de detalhamento e, portanto, subdividido em abrangências classificatórias – estruturais –, para a melhor e importante identificação da natureza do valor do patrimônio ativo – DÉBITO.

17.1 Classificação do patrimônio ativo – DÉBITO

As aqui propostas nomenclaturas de patrimônio ativo:

bens, haveres e exclusividades,

quando abordadas em sequência de menção, sugerem possibilitar ampla compreensão quanto a:

a) **bens** – tratar-se daqueles tangíveis e realizados (caixa/estoques/imobilizado...);
b) **haveres** – tratar-se daqueles realizáveis (que dependem de realização/pagamento); e
c) **exclusividades** – tratar-se daqueles intangíveis (que são intocáveis) e, na identificação de sua particularidade, ainda, além de quanto à maior vulnerabilidade na atribuição de valor, também em termos de eficácia patrimonial e de alienação.

Dessa forma, distinguir a composição do patrimônio ativo (débito) por meio de três grandes subclassificações/nomenclaturas, como:

a) bens;
b) haveres; e
c) exclusividades

sugere espelhar adequadamente a composição do patrimônio ativo, assegurando o caráter técnico-científico contábil; também é esclarecedor na medida em que vai ao encontro do fato de a contabilidade tratar-se de uma ciência social.

PARTE SEIS

CRÉDITOS PATRIMONIAIS

18
Crédito patrimonial – Contábil

Diz Karl Marx, no seu já citado livro *O Capital: Crítica da Economia Política*, p. 166:

> O dinheiro de crédito decorre diretamente da função do dinheiro como meio de pagamento,...

Contabilmente, crédito é uma classificação patrimonial de extrema importância; e, pela clareza quanto a expressar o contexto do patrimônio passivo, CRÉDITO também sugere que necessariamente deve constar na definição de patrimônio.

Aqui, especialmente trazido como evidência/"à luz da percepção" no intuito de elucidar quanto ao significado dessa classificação patrimonial – crédito – no trato com o patrimônio.

Assim, e conforme já tratado neste trabalho, portanto sabedores de que o patrimônio passivo – CRÉDITO – se trata da indicação nominativa (nome) contextual do patrimônio passivo, portanto referindo-se à forma como o patrimônio é provido (origem do patrimônio ativo), como é ilustrado neste exemplo:

PATRIMÔNIO	
ATIVO – DÉBITO	PASSIVO – CRÉDITO
	PROVIMENTO (provido por terceiros – alheios à entidade) Fornecimento Tributo Contribuição Financiamento **PATRIMÔNIO LÍQUIDO (próprio da entidade – provido por sócios/titular/acionista/lucros...)** Capital/Fundo social (+) Lucro/Superávit (+) Prejuízo/Déficit (–)
Total do patrimônio ativo: $...	Total do patrimônio passivo: $...

Independentemente de onde o patrimônio se encontre aplicado/"existente" no patrimônio ativo – débito, como também é ilustrado neste exemplo:

PATRIMÔNIO	
ATIVO – DÉBITO	PASSIVO – CRÉDITO
Bens Haveres Exclusividades	
Total do patrimônio ativo: $	Total do patrimônio passivo: $

resultando no equilíbrio (igualdade) de valor monetário entre o ATIVO (débito) e o PASSIVO (crédito), conforme neste exemplo já anteriormente tratado referente a uma azienda de natureza empresarial:

PATRIMÔNIO	
ATIVO – DÉBITO	PASSIVO – CRÉDITO

DISPONIBILIDADE.........................$ 2,00
  Dinheiro (caixa)..........................$ 1,00
  Saldo (bancário).........................$ 1,00
HAVER...$ 1,00
  Devedor......................................$ 1,00
ESTOQUE..$ 1,00
  Mercadoria..................................$ 1,00
IMOBILIZADO..................................$ 2,00
  Mobília..$ 1,00
  Veículo..$ 1,00
	Provimento (por terceiros)..................$ 4,00
	Fornecimento...$ 2,00
	  de mercadoria....................................$ 1,00
	  de serviço..$ 1,00
	Financiamento (bancário)...............$ 2,00
	  Banco XYZ...$ 2,00
	PATRIMÔNIO LÍQUIDO........................$ 2,00
	  Capital social (provido por sócio).....$ 1,00
	  Lucro..(+) $ 2,00
	  Prejuízo...(-) $ 1,00

Total do patrimônio ativo: $ 6,00	Total do patrimônio passivo: $ 6,00

O exemplo nos permite a clara percepção de o PATRIMÔNIO PASSIVO tratar-se de

CRÉDITO –
como origem integral do patrimônio ativo;

Numa identificação/classificação patrimonial – Contábil

19 Crédito patrimonial – Nomenclatura

Notadamente, para fins de expressar, bem como entender/assimilar do que se trata o patrimônio passivo, no seu contexto, basta dizer, como nomenclatura patrimonial – Contábil, tratar-se de CRÉDITO.

PARTE SETE

LEGALIDADE PATRIMONIAL

20
Jurídico patrimonial – Como um enfoque

O fato de serem áreas afins do conhecimento – ao menos em relação a contábil, jurídica, econômica e administrativa – sugere que uma não pode estar e/ou ser considerada plenamente leiga (desconhecedora) em relação às demais. Ao menos para atuar no campo da opinião. Adentra-se neste trabalho no mérito de definição quanto ao patrimônio.

Antônio Lopes de Sá, no seu livro *Contabilidade & Novo Código Civil*, 1.ª edição, Editora Juruá, Curitiba, 2008, p. 13, referindo-se ao Código Civil Brasileiro de 2002, diz:

> Grande parte do direito civil é direito patrimonial.

Um exemplo de vínculos de conhecimento entre áreas profissionais é quanto a técnicas relativas ao considerado ponto de equilíbrio, que resultam em informações de natureza econômica, contábil e financeira amplamente utilizadas por essas áreas do conhecimento, ainda que fundamentalmente na área contábil, cujas técnicas, no contexto da função de cada uma, indicam a partir de quanto:

a) atinge o resultado esperado;
b) passa a gerar lucros; e
c) passa a atingir o equilíbrio entre encaixe e desencaixe financeiro – liquidez.

E quanto à legalidade, mesmo que – em larga escala – sendo a sociedade desconhecedora da lei, bem como sendo um desafio aos profissionais das ciências jurídicas e aos magistrados, o Código Penal Brasileiro de 1940, Decreto-Lei n.º 2.848, de 7 de dezembro de 1940, diz em seu art. 21:

> O desconhecimento da lei é inescusável.

Dessa forma, todos a serem considerados conhecedores da lei, necessariamente são responsáveis pelos seus atos.

Acontece que as profissões regulamentadas também são fruto do conhecimento popular, até que foram desenvolvidas, reconhecidas e fundamentadas em teorias/doutrinas.

Neste início da terceira década do século XXI fala-se em extinção/desaparecimento de profissões, inclusive em relação a estas aqui tratadas, em relação às quais ao menos carece refletir e tratar quanto a conceitos, posicionamentos, e propriamente quanto a dogmas, definições..., num elevado sentimento de prudência, conhecimento, responsabilidade social...

E isso pode ensejar transformações, e propriamente segregação de profissões, sempre a serem garantidos os seus respectivos fundamentos científicos quando assim incidentes, no melhor exercício, orientação, instrução, visão... da humanidade.

Também leciona Antônio Lopes de Sá que argumentos e contra-argumentos encontramos em vários estudos de diversos estudiosos no campo classificatório dos ramos do saber.

Assim, para se falar em patrimônio também carece estar relacionado à legalidade, e, ainda que esta derive dos Poderes Legislativo e Executivo, diz respeito diretamente ao mérito do campo jurídico.

Nesse sentido, segue uma abordagem relativa a vínculos do conhecimento contábil com o jurídico, muito em especial no que tange à legalidade patrimonial, e, em função disso, também discorrendo sob essa visão quanto a alguns termos de natureza jurídica, a exemplo de justiça; jurídico; judiciário; direito; direitos; lei; legalidade...

20.1 Justiça/Judiciário

Fazer justiça é fazer de forma legal/justa, independentemente de onde, quem e sobre o quê, seja na fábrica, na escola, na família, nas relações de trabalho, e propriamente por parte de quaisquer dos Poderes de Estado.

Sócrates faz refletir em qualquer tempo sobre o que diz no livro *Platão, Apologia de Sócrates Críton*, tradução do grego, introdução e notas de Manuel de Oliveira Pulquério, Professor Catedrático da Universidade de Coimbra, Editora Edições 70, Lisboa/Portugal, 2018:

> p. 37: Quem está realmente empenhado em lutar pela justiça e quer conservar a vida algum tempo, tem necessariamente de se manter simples, particular, não pode ocupar-se de negócios públicos.

p. 74:... a injustiça é em qualquer circunstância um mal e uma vergonha para quem a comete? Afirmamos isso ou não?

E o Poder Judiciário carece mesmo de assim ser chamado, de Judiciário, ou seja, que visa, com fundamento na lei, a fazer acontecer justiça; organização judicial; cumprir disciplina; e propriamente atribuir punições no sentido de visar, de alguma forma, a restabelecer justiça, até mesmo porque, quando na busca de visar a restabelecer justiça, é porque já teria sido violada.

Nesse sentido, certamente, o próprio Poder Judiciário é mais facilmente assimilado, entendido, respeitado, pretendido, admirado..., sempre que assim nominado e tratado na sua estrutura como Judiciário. Exemplos: Judiciário Federal; Judiciário Trabalhista; Judiciário Eleitoral.

E sempre a proporcionar segurança jurídica, ou seja, atuando e deliberando com fundamento na lei.

20.2 Ciências jurídicas – Formação

Considerando que a lei forma a tônica do exercício dessa profissão regulamentada – ciências jurídicas –, cuja lei é formada sob as mais diversas influências, condições, costumes..., em cada Nação, inclusive naquelas autocráticas e, portanto, passíveis de levar a descaminhos quanto ao mais genuíno sentido de direito, conveniente de esta área de formação científica chamar-se expressamente de bacharel, mestre, doutor... em Ciências Jurídicas.

E isso porque, mesmo quando a lei possa não oferecer o melhor sentido de direito/justo... e que não pode ser distorcida.

No exercício e na aplicação da lei, o sentido de ciências jurídicas jamais se dispersa do sentido de direito/justo/justiça...

Ademais, o sentido de direito diz respeito à humanidade, em relação a justo, reto, probo, discernimento..., seja na convivência; no trabalho; no cumprimento da lei; no exercício judiciário; na formação, aplicação e uso das ciências jurídicas.

No entanto, o sentido de ciências jurídicas diz respeito exclusivamente ao seleto grupo social de formação profissional da área do conhecimento científico jurídico.

O *Dicionário Aurélio*, ao definir "direito", dentro do seu contexto, também traz: "15. Conjunto de normas jurídicas vigentes num país".

E para isso basta observar que propriamente os Poderes de Estado que criam a lei (Legislativo e Executivo), ainda que na obrigação moral de estar relacionado ao direito, não se trata de função reservada a profissionais de qualquer das áreas do conhecimento.

20.3 Deliberações do Judiciário

Acontece que as deliberações do Judiciário em princípio se fundamentam na lei, a qual determina a ordem legal, funcional... de uma sociedade.

E se espera que a lei sempre possa causar elevado sentimento de justiça, inclusive ao conforto deliberativo judicial, o que nem sempre a lei proporciona.

Como exemplo, e por estar relacionado ao patrimônio, portanto com a contabilidade, em relação a excessos quanto a taxas quando assim estabelecido pelo Estado, leciona Adam Smith, em seu livro *A Riqueza das Nações*, tradução e seleção de Norberto de Paula Lima, 3.ª edição, Editora Nova Fronteira, Rio de Janeiro RJ, 2017, p. 550:

> A lei, contrariamente a todos os princípios da justiça, primeiro cria a tentação e então pune aqueles que a ela cedem; e comumente agrava a punição também, em proporção à própria circunstância que certamente deveria aliviá-la, a tentação de cometer o crime.

E o desafio do julgamento jurídico aumenta quando, por exemplo, em observação ao ensinamento de Aristóteles, conforme consta no já citado livro *Órganon*, tradução e notas de Edson Tombini, 3.ª edição, Editora EDIPRO, Bauru – SP, 2016, p. 633:

> ... – o que não impede que circunstâncias injustas sejam preferíveis a justas num caso particular.

Nesse sentido, o arcabouço jurídico de uma nação, assim como carece de estar em sintonia com os fundamentos científicos contábeis quando nas relações com o patrimônio, e propriamente para a coerência de gestão/administração, e com a economia, por exemplo, carece de estar em sintonia com fundamentos das ciências jurídicas, que, na sua essência, deva exceder do conhecimento e do alinhamento de leis.

Dessa forma, uma estreita sintonia parlamentar e do Executivo público com os Conselhos de profissão regulamentada, que são autarquias, portanto relativas a atividades típicas da administração pública e criadas por lei, e por isso também da responsabilidade das respectivas categorias profissionais, inclusive quanto às suas representatividades, certamente levaria a maiores reflexões, aos mais afinados acertos legislativos no trato com a lei, dentro de um elevado sentimento público e popular de justiça quanto à ordem legal que se estabelece num Estado/Nação.

20.4 Dogmática jurídica – Uma reflexão

Certamente por não estarem sujeitas a vínculos de exatidão, a exemplo da contábil, ainda que esta seja uma ciência social, as ciências jurídicas estão mais dispostas/propensas/sujeitas... à dogmática.

E dogma, assim como pode algum assunto ser estabelecido, visto e tratado como verdade absoluta e incontestável, também pode acontecer de ser estabelecido sob a ótica de ser admitido por verdade/conveniente/necessário.

Diz Luiz Fernando do Vale de Almeida Guilherme, no seu livro *Função Social do Contrato e Contrato Social: Análise da Crise Econômica*, 2.ª edição, Editora Saraiva, São Paulo, 2015, p. 210:

> ... há a obrigação para a dogmática jurídica de repensar toda a ciência do Direito em busca de um novo paradigma na economia globalizada, para adaptar a função social do contrato ao prisma econômico existente no século XXI.

Nesse sentido, a compreensão pública/popular quanto ao termo *direito* carece de ser estimulada a ser no seu mais **amplo sentido**, ou seja, e como exemplo: no que é reto/certo/justo/bom senso/probo/discernimento/liberdade/defesa/garantia/lei...; e seja em relação a prerrogativas, a exclusividades; seja em relação aos seus considerados pertences patrimoniais, tangíveis ou intangíveis...; e propriamente na geração, no estabelecimento e no cumprimento de obrigações legais, inclusive quando contratuais. Portanto, que vai além do exercício judiciário e jurídico profissional, ainda que visem a esse contexto.

21 Autonomia

21.1 Autonomia – Pessoa física

Quanto à pessoa física, portanto natural, sugere-se que o Estado – ao menos quando democrático – não lhe tire por completo sua condição de autonomia/liberdade..., relativo a direitos naturais, para posteriormente devolver-lhe em parte; e sim lhe atribua obrigações, impedimentos, exclusividades e orientações que julgar necessárias ou convenientes.

A Constituição Brasileira de 1988, no Inciso II do art. 5.º, diz que:

> Ninguém será obrigado a fazer ou deixar de fazer alguma coisa senão em virtude da lei.

No livro *John Stuart Mill & a Liberdade*, de Mauro Cardoso Simões, Editora Zahar, Rio de Janeiro, 2008, p. 28, consta que:

> A liberdade (*liberty*) em seu sentido original significa ausência de todo constrangimento. Nesse sentido, toda lei, mas também toda regra moral, é contrária à liberdade.

Isso vai ao encontro em perante o Estado tratar-se a normatização de obrigações e impedimentos legais.

Acontece que o necessário grau de liberdade ganha sentido quando mediante constrangimentos necessários que a garanta com elevada segurança de ser exercida.

No entanto, o que é criado por lei, a exemplo da pessoa jurídica, carece de ser regulado e propriamente orientado pela lei quanto a sua possibilidade e ao seu exercício, por ser entidade de criação da própria lei, e não da natureza, quando necessariamente depende de regulamentação, ainda que, finalmente, se reporte à pessoa física.

E quanto à liberdade, que sugere ausência de constrangimento pela lei, pode ainda ser alcançada pelos costumes vigentes em cada célula social, a exemplo de vestimenta, moda, frequência...

O sentido de liberdade, portanto, no que não incidir em obrigação ou impedimento legal, por estar relacionado a liberdades naturais, a exemplo de autodefesa, e propriamente relativo a prerrogativas, está associado à autodeterminação (individual), também incidindo no mais elevado alcance de autorresponsabilidade, por depender da decisão de cada um.

Mesmo assim, um elevado grau de liberdade/autonomia individual do ser humano é necessário, por se tratar, cada um, de uma célula única da natureza humana, e que isso propriamente dá sentido à vida.

E uma vez estabelecida coibição contra abusos, o Estado também carece do poder das células sociais, a exemplo de familiares, tanto na formação cultural e educacional quanto na sustentação dos fundamentos constitucionais de uma nação.

Porém, é necessária a limitação de autonomia, dada a existência, interação e atuação do tolo...; também por questões de perda da capacidade racional, inclusive por questões biológicas, efeitos de entorpecentes, transtornos psicológicos, emocionais, traumas..., portanto relacionado a imaturidade/perda de consciência/bloqueios de capacidade racional/disfunções culturais...

E tudo isso está para a melhor possível vivência e convivência em sociedade, que é fator determinante na harmonia e no que tange a defesa, continuidade e propriamente supremacia e sobrevivência humana entre as espécies animais.

21.2 Autonomia legal

Por natureza o homem é senhor de si mesmo, ainda que de necessária convivência social; e, em cada Nação, a estar na ordem da lei que, em tese, visa a uma melhor convivência humana, incidindo em limites, obrigações e restrições especiais por força de um poder soberano territorial, que, ao menos democraticamente, enseja respeitar os considerados direitos naturais.

Segundo Augusto Comte, "a liberdade é o direito de fazer o próprio dever".

E parece mesmo que a sociedade carece de uma inversão de valores, e de buscas..., ou seja:

a) primeiro: visar a exercer sua liberdade, o cumprimento de suas obrigações e o respeito aos impedimentos legais; e
b) segundo: pleitear o que lhe é cabível legalmente, decorrente de obrigações de terceiros, inclusive pelas relações de negócios/da convivência humana..., seja em relação a pertences/a direito de resposta/a exercício de liberdades...

Assim, a cultura do primeiro valor faz, em larga escala, e por consequência, acontecer a do segundo.

21.3 Legalidade – Igualdade

É por excelência na legalidade que o Estado carece de tratar o cidadão com igualdade, cuja legalidade deve ser formada em respeito a propósitos, virtudes, habilidades, aspirações, criatividades, inovações, intelectualidades, desenvolvimento..., portanto nos mais diversos aspectos que forem admitidos por necessários, como naturais, ou positivamente experimentados, dada a evolução cultural.

Nassim Nicholas Taleb, no livro *Antifrágil*, tradução de Eduardo Rieche, 7.ª edição, Editora Best Business, Rio de Janeiro, 2017, p. 99, no introito do tópico "Organismos são populações, e populações são organismos", diz:

> Tive a ideia de ver as coisas em termos de populações, e não de indivíduos, com benefícios para os últimos decorrentes dos danos aos primeiros, ao ler obras sobre antifragilidade escritas por Antoine Danchin, um físico que se tornou geneticista.

Na p. 36 dessa mesma citada obra se diz:

> Se você testemunhar uma fraude e não denunciá-la, você é uma fraude.

Montesquieu diz que "a injustiça, mesmo quando atinge um só, é uma ameaça contra todos nós".

Parte-se do princípio de que antes da lei (Estado) não existiam propriamente obrigações, a não ser as de caráter moral, ou por imposições de força alheia, e, assim, cada um se sentindo no direito/na liberdade..., porém sem segurança/garantias... de exercê-lo, propriamente por falta de expressas e legais obrigações e impedimentos de ordem legal.

Thomas Hobbes, no seu livro *Leviatã*, tradução de João Paulo Monteiro e de Maria Beatriz Nizza da Silva, 4.ª edição, Editora Martins Fontes, São Paulo, 2019, p. 113, diz:

> ... porque não há nada a que um homem não tenha direito por natureza;

Assim, o exercício judicial/de caráter jurídico reside na força; e força jurídica é em relação a obrigações e impedimentos de ordem legal. Ainda que também tenha que decidir quando na vacância da lei.

Acontece que é fundamentalmente no estabelecimento de obrigações, impedimentos e exclusividades que se constitucionaliza e, portanto, se legaliza um Estado, ainda que os considerados direitos naturais também careçam de ser trazidos à legalidade, mesmo que de forma genérica, a exemplo de autodefesa, no sentido de formalizar o papel do Estado quanto a sua sustentação.

Obrigações existem como fontes de solidariedade e de ordem... E obrigações, impedimentos e exclusividades legais, que são próprios de cada Nação, são variados e mutantes.

É na formação da legalidade que se formam as bases de igualdade – com respeito a liberdade/dignidade... humana, pois, quando na aplicação da lei, o erro/equívoco..., logo se tornam perceptíveis tanto para serem corrigidos quanto para não serem repetidos.

21.4 Leis necessárias

O indivíduo nasce por cuidados, propriamente na gestação/nascimento/criação...

Continua a necessidade de cuidados na proteção da liberdade/na segurança/na possibilidade de desenvolvimento/nas relações com a sociedade/nas relações com o Estado... Esse é o papel do Estado e, quando isso acontece, tende a se criarem apenas leis efetivamente necessárias.

Leis resultam de convenções, que, no entanto, partem de uma iniciativa; então, das necessárias manifestações de sabedoria para adequadas resultantes convenções.

Aristóteles, conforme no seu já citado livro *Órganon*, p. 607, traz que:

> ... a convenção é a opinião da maioria, ao passo que as manifestações dos sábios se harmonizam com os padrões da natureza e da verdade.

Nassim Nicholas Taleb, no seu já citado livro *Antifrágil*, tradução de Eduardo Rieche, Editora Best Business, Rio de Janeiro, 2017, 7.ª edição, p. 422, diz:

> O papel clássico do profeta, pelo menos no sentido do Levante, não é perscrutar o futuro, mas falar sobre o presente. Ele diz às pessoas o que fazer, ou melhor, o que não fazer – o que, na minha opinião, é mais robusto.

Ao Estado cabe o papel de proferir...

22
Estado/Legalidade

22.1 Estado de legalidade

Sendo múltiplos os regimes de governo, inclusive ditatoriais, isso por si só denota a possibilidade de a lei incidir em distorcidos sentidos de direito, ao menos enquanto pensado no seu mais amplo significado.

Yuval Noah Harari, no livro *Sapiens: Uma Breve História da Humanidade*, tradução de Janaína Marcoantonio, 24.ª edição, Editora L&PM, Porto Alegre, 2017, p. 145, diz:

> Todas as sociedades são baseadas em hierarquias imaginadas, mas não necessariamente nas mesmas hierarquias.

Como exemplo, independente de regime de governo, basta imaginar um Estado com plena liberdade contratual trabalhista e um Estado altamente regrado de leis trabalhistas, que se transforma em legalidades amplamente antagônicas entre os Estados..., para ver se na organização/estruturação de cada Estado faz mais sentido se considerar Justiça do Trabalho, ou Judiciário Trabalhista.

Diga-se de passagem, quem sabe nesse sentido também seja conveniente tratar quanto a grades curriculares relativas ao campo jurídico. Exemplos:

a) jurídico tributário;
b) jurídico civil;
c) jurídico criminal...

E mantém o sentido de reto/direito/probo/justiça..., e da lei.

Isso até mesmo porque parece destoar do sentido de direito/reto/probo... ao se tratar por exemplo expressamente de direito criminal, quando, *a priori*, deva expressar o mais nítido sentimento de coibição, de defesa, de arbitramento, de punição na lei existente no território do julgamento do crime, ou seja, relativo ao contra/contrário/contrariedade/inibição... ao crime.

Também cabe entrar no mérito quanto aos interesses de efetiva busca e aplicação da lei, a exemplo do que diz Adam Smith em seu já citado livro

A Riqueza das Nações, 3.ª edição, Editora Nova Fronteira, Rio de Janeiro, 2017, p. 615:

> Naqueles governos corruptos, onde há pelo menos uma suspeita geral de muita despesa desnecessária, e grande malversação da renda pública, as leis que a guardam são muito pouco respeitadas.

Isso mesmo diante dos ensinamentos de Aristóteles, conforme descrito no seu já citado livro *Órganon*, tradução, textos adicionais e notas: Edson Tombini, 3.ª edição, Editora EDIPRO, Bauru – SP, 2016, p. 446:

> ... pois, se o que é agente de corrupção é dissolvente, então ser corrompido é ser dissolvido,...

E ainda que exista uma tendência de convergências de legalidade internacional sob alguns aspectos, mesmo assim, dados cultura, costumes, estágios de desenvolvimento social, econômico, humano, regimes de governo..., cada Nação carece de estabelecer seu próprio arcabouço jurídico/legal.

Ademais, propriamente o corpo de jurados para uma sessão de júri é, e certamente por prudência, formado por membros de residência e vivência local, visando ao melhor possível julgamento. Portanto, nesse sentido, o julgamento também passa a ter relação com a cultura e o ambiente de convivência de caráter local, na busca da mais adequada possível justiça, ainda que necessariamente fundamentado na lei da respectiva abrangência.

Portanto, de caráter jurídico criminal...

22.2 Estado de legalidade/Estado de direito

Acontece que a legalidade de cada Nação pode conflitar em muito com as demais, e propriamente em relação ao melhor sentido de direito, porém, no arcabouço jurídico de cada uma, é para estar em plena legalidade e, portanto, plenamente aplicável em seu território.

Então, o termo *direito* há de primeiramente ser visto como um norte, servindo como fundamento na formação de legalidade, até mesmo porque diz respeito à humanidade.

Já o termo *legalidade* entra no necessário e exclusivo mérito de poder de Estado, relativo à lei e, portanto, também jurídico.

Assim também os considerados direitos naturais, que parecem independer de legalidade, podem efetivamente ser sustentados quando se habita num Estado revestido de legalidade e que este assim os sustente.

Assim, já neste século XXI certamente todos os povos habitam num estado de legalidade; porém, cabe às próprias autoridades ver se é razoável dizer tratar-se de um Estado de Direito, ou de um Estado de Legalidade...

Traz no conteúdo da carta-encíclica *Evangelium Vitae*, do Sumo-Pontífice João Paulo II:

> 71.... A este propósito, João XXIII recordara na Encíclica *Pacem in Terris*: "Hoje em dia crê-se que o bem comum consiste sobretudo no respeito dos direitos e deveres da pessoa. Oriente-se, pois, o empenho dos poderes públicos sobretudo no sentido que esses direitos sejam reconhecidos, respeitados, harmonizados, tutelados e promovidos, tornando-se assim mais fácil o cumprimento dos respectivos deveres. 'A função primordial de qualquer poder público é defender os direitos invioláveis da pessoa e tornar mais viável o cumprimento dos seus deveres.' Por isso mesmo, se a autoridade não reconhecer os direitos da pessoa, ou os violar, não só perde ela a sua razão de ser como também as suas disposições estão privadas de qualquer valor jurídico."

Observa-se que no teor essa encíclica entra no mérito de reconhecer, respeitar, harmonizar, tutelar e promover os direitos da pessoa e de não os violar; referindo-se a "direitos invioláveis".

Portanto, aqui se trata não propriamente de criá-los, mas, sim, no sentido de evidenciá-los, garanti-los, protegê-los...

Certamente é nesse ponto que se caracteriza o verdadeiro sentido do direito. Na encíclica *Evangelium Vitae* também se afirma:

> 2.... A Igreja sabe que este Evangelho da vida, recebido do seu Senhor, encontra um eco profundo e persuasivo no coração de cada pessoa, crente e até não crente, porque se ele supera infinitamente as suas aspirações, também lhes corresponde de maneira admirável. Mesmo por entre dificuldades e incertezas, todo homem sinceramente aberto à verdade e ao bem pode, pela luz da razão e com o secreto influxo da graça, chegar a reconhecer, na lei natural inscrita no coração (cf. Rm 2, 14-15), o valor sagrado da vida humana desde o seu início até ao seu termo, e afirmar o direito que todo ser humano tem de ver plenamente respeitado este seu bem primário. Sobre o reconhecimento de tal direito é que se funda a convivência humana e a própria comunidade política.
>
> 90.... Se as leis não são o único instrumento para defender a vida humana, desempenham, contudo, um papel muito importante, por vezes determinan-

te, na promoção de uma mentalidade e dos costumes. Afirmo, uma vez mais, que uma norma que viola o direito natural de um inocente à vida, é injusta e, como tal, não pode ter valor de lei. Por isso, renovo o meu veemente apelo a todos os políticos para não promulgarem leis que, ao menosprezarem a dignidade da pessoa, minam pela raiz a própria convivência social.

Também é relevante a afirmação de que:

> Estado de Direito é um Estado que tem controles e limites, inclusive dos próprios governantes.

E diz Miguel Reale em seu já citado livro *Lições Preliminares de Direito*, 27.ª edição, 22.ª tiragem, Editora Saraiva, São Paulo, 2002:

> p. 177: O chamado "Estado de Direito" não é o que torna jurídicas todas as atividades do Estado, mas sim aquele no qual todas as ações do Estado se fundam em normas jurídicas que as legitimam.

Em cujo livro também consta:

> p. 273: Nos seus dois grandes livros, *Sistema dos Direitos Públicos Subjetivos* e *Doutrina Geral do Estado,* Jellinek defende a teoria da autolimitação da soberania dizendo, em suma, que os direitos públicos subjetivos existem na medida em que o Estado não pode deixar de traçar limites a si próprio, enquanto Estado de Direito.

Acontece que a formação e composição dos Poderes de um Estado decorrem do conhecimento, do desenvolvimento, da responsabilidade, da solidariedade, da educação, do estado de consciência, da sabedoria, dos costumes... dos seus cidadãos. Tudo isso e o envolvimento da sociedade formam limites, inclusive do Estado e dos governantes, na aprovação ou não de lei, porque um Estado se reveste de autoridade e não se isola do cidadão.

Em qualquer tempo: quais os costumes/educação que estão sendo aplicados, cultivados, desenvolvidos, criados?

22.3 Legalidade objetiva e legalidade subjetiva

Externado o entendimento quanto à legalidade/lei na preservação do alcance quanto ao sentido de direito, parece mesmo ser conveniente tratar-se de:

a) legalidade objetiva (quando expressa na lei); e

b) legalidade subjetiva (quanto ao que possa ser subentendido na lei ou a partir dela, em alcançar as mais diversas decisões de Estado em relação às relações dos seus cidadãos).

Isso porque é fundamentalmente na legalidade que acontecem as deliberações judiciais, cuja legalidade nem sempre está em plena sintonia com o mais significativo sentido de direito.

Traz Miguel Reale, em seu livro *Lições Preliminares de Direito*, 27.ª edição, 22.ª tiragem, Editora Saraiva, São Paulo, 2002:

> p. 129: Os romanos já diziam que o Direito é uma *constans ac perpetua voluntas jus suum cuique tribuendi*, o que quer dizer, é uma vontade permanente e constante de dar a cada um o seu direito, vontade essa que não é a dos governantes, mas da coletividade através de um processo axiológico de opções e preferências.
>
> p. 158: Torna-se costume jurídico, porém tão somente quando confluem dois elementos fundamentais: um é a repetição habitual de um comportamento durante certo período de tempo; o outro é a consciência social da obrigatoriedade desse comportamento.
>
> p. 166:... o que importa na lei não é a sua letra, mas o seu espírito.
>
> p. 179:... o homem é um ser capaz de direitos e obrigações e, notadamente, com o poder de estipular negócios para a realização de fins lícitos, graças a acordo de vontades.

Léon Duguit, no livro *Fundamentos do Direito*, tradução de Márcio Pugliesi, 3.ª edição, Editora Martin Claret, São Paulo, 2009, p. 11, diz:

> A palavra "direito", na sua larga acepção, presta-se a designar duas concepções que, embora se interpenetrando intimamente, constituem campos diferentes: "o direito objetivo" e o "direito subjetivo".
>
> O "direito subjetivo", por sua vez, constitui um poder do indivíduo que integra uma sociedade.

Observa-se, pois, que o exercício da liberdade/do Direito acontece naturalmente junto à sociedade, em obediência ao já legislado, e propriamente em observância à jurisprudência, ainda que também influenciando para a mais adequada legislação.

Nesse sentido, o cidadão considerado leigo juridicamente, assim não pode ser considerado em termos de Direito; e independente de graduação, por estar inserido no exercício e no processo evolutivo quanto à formação e à conscientização de conduta/direito/legalidade...

Ademais, soluções pleiteadas no campo jurídico profissional/judicial são excepcionais em relação ao contexto das interações humanas, inclusive por parte de quem jamais tenha lido um único artigo de lei, ainda que, no julgamento (jurídico), e até mesmo de forma imperativa, além da legalidade objetiva caber adentrar no mérito da legalidade subjetiva, ou seja, quando subentendida ou não alcançada pela lei, na dinâmica das relações sociais.

E é por excelência nesse aspecto, além da equidade, de comparações, de ditames internacionais..., para traduzir em soluções, coerências, referências, jurisprudências e propriamente em doutrinas, visando ao bem social, que o exercício jurídico se destaca em relação às demais áreas do conhecimento em termos de Direito, mesmo que assentado na legalidade, que, além da expressa determinação quanto à "ordem pública", forma direção quanto ao dinâmico exercício jurídico, na predominância da lei (legislativa), e mesmo jurisprudencial, que basicamente derivam de costumes/"Direito costumeiro", de padrões/experiências culturais/jurídicas.

22.4 Lei/Jurídico

Acontece que lei é de legislar e jurídico é de exercício da legalidade; e tudo isso é para estar visando ao que for reto/justo/probo/direito/certo/bom senso/discernimento..., e sem Judiciário não há democracia, assim como não há democracia sem Executivo e Legislativo, e todos visando à justiça.

E a lei é legislativa. Assim, está:

a) o Legislativo – para a criação e o monitoramento da lei;
b) o Executivo – ao exercício administrativo na observância da lei; e
c) o Judiciário – em exercício ao cumprimento da lei.

Nesse sentido, e considerando que também um Estado pode ser autocrático, ainda que também sujeito de Constituição; então, independente de regime governamental, podemos admitir que:

- primeiro – o Estado carece de um Executivo (condução);
- segundo – a sociedade carece de um Legislativo (regramento e monitoramento); e
- terceiro – o Estado e a sociedade carecem de um Judiciário (arbitramento/conciliação/discernimento/alinhamento).

E é a partir da lei que o exercício jurídico propriamente passa a exercer o seu papel, e que efetivamente passa a existir.

Também, é de se admitir como impossível relatar contextual e detalhadamente todos os direitos de uma pessoa física, porém certamente sim as suas obrigações e impedimentos legais.

Ainda, previsão legal de prerrogativa não torna necessária sua exigência; nem definitivamente garante sua realização quando, por exemplo, de uma pessoa visar a cobrar valor monetário de alguém que tenha incidido em impossibilidade de honrar com o pagamento integral ou parcial de créditos patrimoniais que tenha recebido...

22.5 Direito – Cidadão – Jurídico

A formação da lei, e propriamente a experiência, jurisprudência, teoria, doutrina, dogmática jurídica, ainda que resulte do exercício na identificação intencionada quanto aos efeitos da lei, decorre dos costumes, das mentalidades, das experiências, das observações... em relação à cultura/ao comportamento humano em épocas e sociedades distintas. Mesmo assim, dada a divergência social-econômico-cultural, é desafio na formulação de leis adequadas, mesmo numa pequena jurisdição de abrangência, bem como sua efetiva aplicação; isso, ainda que na tendência de dinamizar padrões internacionais, principalmente dados os recursos de circulação de pessoas e coisas, e de comunicação.

E, apenas em análise desse aspecto, é percebido o necessário exercício jurídico para uma adequada convivência social.

No entanto, o cidadão carece de ser visto, percebido, envolvido, compreendido, comprometido... num sentimento de agente ativo no exercício do direito, inclusive no exercício político legislativo e executivo, o que é diferente do exercício jurídico. E daí a formação do Poder Judiciário, bem como o reconhecimento da profissão regulamentada ao exercício jurídico – ciências jurídicas.

Sabiamente, no Código Civil Brasileiro de 2002, o legislador traz no art. 1.º:

> Toda pessoa é capaz de direitos e deveres na ordem civil.

No *Livro da Filosofia*, tradução de Douglas Kim, Editora Globo, São Paulo, 2016, p. 243, referindo-se à ideia de José Ortega y Gasset quanto a "desafiar as circunstâncias tanto no nível pessoal quanto político", lê-se:

> Ela supõe que toda tentativa de mudança será desafiada, mas que temos o dever de continuar avançando contra as circunstâncias limitadoras.

Em Thomas Hobbes, no já citado livro *Leviatã*, tradução de João Paulo Monteiro e de Maria Beatriz Nizza da Silva, 4.ª edição, Editora Martins Fontes, São Paulo, 2019, p. 112, encontramos:

> Pois o DIREITO consiste na liberdade de fazer ou de omitir, ao passo que a LEI determina ou obriga a uma dessas duas coisas.

É o espírito da lei, como normatização vigente/temporal, que gera o sentimento de alcance junto à sociedade e desta o seu adequado envolvimento, assim como das profissões regulamentadas, inclusive no que tange a sua exclusividade.

22.6 Direito

Assim, direito aqui é visto como um laboratório da consciência humana nos mais diversos segmentos, setores, jurisdições e estágios de evolução da humanidade, bem como das formas de envolvimento e competências, inclusive legislativa, executiva e judiciária, e quanto ao competente e necessário profissional exercício jurídico.

23
Direito – Genuíno sentido...

Diante do já discorrido neste trabalho, especialmente nesta Parte Sete e, ainda, do que o próprio conceito de direito expresso no *Dicionário Aurélio*, dentre outros itens, antes e depois de relatar: "15. O conjunto das normas jurídicas vigentes num país", traz:

> **7.** Íntegro, probo, justo, honrado. **8.** Leal, franco, sincero. **9.** Aquilo que é justo, reto e conforme a lei. **10.** Faculdade legal de praticar ou deixar de praticar um ato. **13.** Ciência das normas obrigatórias que disciplinam as relações dos homens em sociedade; jurisprudência, **14.** O conjunto de conhecimentos relativos a esta ciência, ou que tem implicações com ela, ministrados nas respectivas faculdades: estudante de direito.

Então, o sentido de direito associa-se e/ou está propriamente relacionado a um patrimônio natural da humanidade...

Isso porque, propriamente, a lei deriva da cultura e do posicionamento de uma Nação, por seus cidadãos, tendo os Poderes de Estado e o exercício jurídico, na lei, de visar a proporcionar virtude, apuro, esmero, correção, ascensão, elevação, segurança, desenvolvimento... – bem social.

Assim, sugere ser admissível que o primeiro e mais genuíno sentido de direito esteja propriamente relacionado à liberdade/ao livre-arbítrio/ao direito natural, e que o exercício de legalidade deve estar para garanti-lo mediante regulamentações por força de Estado, impondo disciplina, fundamentalmente pela criação de obrigações, de impedimentos e de exclusividades de ordem legal, também criando alternativas de exercício por lei, como no caso da pessoa jurídica, sempre visando a assegurar ordem, progresso, desenvolvimento, harmonia... na convivência humana, resultando numa legalidade a ser garantida pelo Estado, e tudo isso a ser honrado, e honroso por parte do Estado, do exercício jurídico, da sociedade humana...

24
Patrimônio/Legalidade

24.1 Patrimônio – Legalidade – Justiça

A legalidade carece de estar assentada em ampla visão quanto aos seus reflexos e, quando provida disso, e na boa-fé, leva à lucidez e ao caminho do que se busca preservar e mesmo formar em termos de mentalidade de ordem legal na sociedade.

Acontece que a lei, que em princípio é vista como fonte de justiça, carece de estar alinhada a fundamentos de direito, que, além do conhecimento científico-jurídico, também decorre de filosofia, sociologia, história..., portanto nos mais diversos campos de conhecimento e interação humana, muito em especial em relação ao patrimônio, e, portanto, de estreito vínculo contábil, isso porque, em larga escala, a lei tem vínculo de caráter monetário/material/patrimonial, mesmo quando apenas de forma pecuniária.

Assim, justiça primeiramente deixa o sentimento de visar a estar relacionado ao que é justo; e isso se espera da lei. Nesse sentido, por exemplo, cada entidade pessoa física ou pessoa jurídica pode formar o seu considerado patrimônio, que deve estar revestido de legalidade.

24.2 Jurídico/Patrimônio

Quando constituído de forma legal, também os bens corpóreos/materiais, a exemplo de veículos, estoques, terrenos, edifícios..., passam a ser objeto de direito da pessoa e, no caso, também fazendo parte dos seus direitos.

Assim, numa visão de contexto, sugere que direitos patrimoniais da pessoa, quando cabíveis, vão além daqueles intangíveis, a exemplo de marcas, patentes, autorias, invenções... e, portanto, referentes ao patrimônio imaterial; e propriamente quanto a haveres que se tratem de patrimônio realizável, ou seja, que dependem de realização.

Ainda, extrapolando os fatores patrimoniais, o termo *direitos* pode se tratar de direitos humanos, de liberdade, de opinião, de expressão, de ação...; no caso, indo além do que se refere a pertences de uma pessoa, ou seja, do que lhes for legalmente considerado cabível em relação ao patrimônio.

Ademais, pode se tratar de direitos de propriedade, de uso, de domínio, de crédito...

Nesse sentido, mesmo quando no campo jurídico, o termo *direitos*, usado em definição de patrimônio, sugere expressar parcialidade e até mesmo certo vácuo ou dispersão de significado desse tão amplo, abrangente e significativo termo, ainda que juridicamente também usado para expressar o legalmente cabível patrimonial/pertences de cada um.

No entanto, e por certo, isso não se coaduna com nome, classificação, nomenclatura, como elemento patrimonial.

Assim, para identificação do patrimônio/natureza dos valores patrimoniais dá-se nome ao patrimônio, como elemento patrimonial.

Isso a ser observado e corretamente aplicado por parte de toda a sociedade, necessariamente quando no exercício das ciências contábeis, visando à mais clara e orientativa comunicação relativa ao patrimônio como elemento patrimonial que é de natureza contábil em qualquer território.

PARTE OITO
PATRIMÔNIO – DEFINIÇÃO

25
Definição – Uma reflexão

Definição serve como guia de pensamento sobre um termo/palavra/expressão que o torna ímpar/inconfundível, mesmo quando diante de certa semelhança... Exemplos:
   a) fé: que transmite o significado, o sentido e propriamente causando sentimento de certeza; e
   b) esperança: que transmite o significado, o sentido e propriamente causando sentimento de esperar.

Isso é determinante na comunicação, tanto consigo mesmo quanto com terceiros.

Por excelência, relativamente a patrimônio, crentes e não crentes acreditam em dinheiro; apenas observam sua legitimidade/legalidade.

Também por isso a definição de patrimônio – contabilmente – há de permitir plena compreensão relativa aos componentes patrimoniais, ou seja, da forma como o patrimônio é composto.

É recente o desenvolvimento teórico/doutrinário da contabilidade, notadamente a partir do século XVI, tendo considerável aceleração na década de 40 do século XX; isso permite o entendimento de ainda caber reflexão quanto a definições relativas a essa área do conhecimento.

26
Patrimônio – Definição

Agora, diante das fundamentações que neste trabalho foram relatadas; de reflexões que foram proporcionadas e uma vez assimilado que:

a) **passivo**: é a identificação dos valores de crédito que a entidade pessoa física ou jurídica recebe – origem dos recursos patrimoniais –, cujos créditos podem ser providos por terceiros (credores alheios à entidade), ou pela própria entidade detentora do patrimônio (por sócios/lucros/sobras...); e

b) **ativo**: é a forma como o patrimônio se encontra aplicado na entidade detentora do patrimônio, que é chamado de débito (perante os créditos), cujos encaixes podem estar em dinheiro, estoques, haveres, imobilizado, marcas, patentes..., o que se ilustra a seguir:

PATRIMÔNIO	
ATIVO – DÉBITO	PASSIVO – CRÉDITO
Bens Haveres Exclusividades	Créditos

Com o sentimento de permissão – sob essa visão contábil – relativo ao patrimônio, consiste entrar no mérito quanto à definição de patrimônio, com o sentimento de clareza, integralidade, generalidade e consistência; em linguagem e nomenclaturas contábeis, sendo:

> Patrimônio é o contexto de bens, haveres, exclusividades e créditos.

PARTE NOVE

CHAVE PARA ENTENDIMENTO – CONTÁBIL

27
Inventário geral – Patrimonial

Primeiramente, cabe um breve e objetivo, porém extraordinário e indispensável relato/reflexão, sobre

> Inventário geral patrimonial,

que é o relatório detalhado da efetiva e confirmada existência de cada elemento e valor do patrimônio, num estático momento (data), normalmente elaborado no último dia de cada ano-calendário para fins de elaboração de balanço patrimonial – contábil.

27.1 Inventário geral – Relatório

No inventário geral patrimonial há de se expressar detalhadamente a integralidade do patrimônio existente na entidade, a exemplo de:

a) saldo em espécie (caixa);
b) saldo de conta e forma de aplicação bancária;
c) estoques (detalhados por tipo e características);
d) haveres (detalhados por devedor);
e) imóveis (detalhados por unidade);
f) mobília (detalhada por unidade);
g) investimentos (detalhados por natureza, forma e vínculo);
h) exclusividades (detalhadas individualmente por tipo de exclusividade);
i) créditos (detalhados individualmente e por natureza de provimento, a exemplo de cada fornecimento, financiamento, existentes)...

27.2 Início de um Livro Diário – Escrituração contábil

Propriamente, o início de uma escrituração contábil – Livro Diário – se faz com fundamento num inventário geral inicial, como balanço de abertura.

Quando na constituição de uma azienda (empresa/instituição), o próprio ato constitutivo (contrato/estatuto...) indica o patrimônio inicial, qual for, portanto também servindo como identificação/relato/inventário – inicial.

No caso de entidades – associativas –, pode incidir em patrimônio inicial igual a zero, por não ser obrigatório formar fundo social.

27.3 Inventário geral – Necessidade

Em cada final de período de apuração de resultado, incide o necessário inventário geral, para a consolidação da real existência de cada elemento patrimonial e respectivo valor monetário; isso deve ser feito ainda que apenas para indicar a ausência de patrimônio.

Também se faz necessário para início de escrituração contábil no caso de uma azienda (empresa/instituição) já em funcionamento, para fins de balanço de abertura.

E pode fazer-se necessário para situações especiais em qualquer tempo. Exemplos: por interesse administrativo; por deliberações judiciais...

Cabe a observação de que, para fins de declaração de renda anual da pessoa física, quando assim exigido pelo Estado, o relatório integral do patrimônio da pessoa física também se equivale a um inventário geral patrimonial, o que, no caso, quanto a valores monetários, pode estar sujeito a cálculos, portanto de natureza contábil, e na observância da lei.

27.4 Inventário geral – Utilidades

Dentre as inúmeras utilidades e funções do inventário geral patrimonial, por excelência, serve como:

a) relato, referência, consistência, integridade, indicativo e garantidor da efetiva existência e valor de cada elemento patrimonial num dado momento (data); e

b) para fins de elaboração de balanço patrimonial.

Ademais, propriamente as contas – razão contábil (que é o controle individual de cada natureza de patrimônio, a exemplo de caixa) – devem ser ajustadas no final de cada exercício/período de apuração, de acordo com o respectivo inventário, na observância técnico-científica e da lei.

Isso para que ocorra a real expressão do patrimônio naquele momento de identificação, bem como para que ocorra a mais sólida elaboração do balanço patrimonial de cada período, o que fica expresso no Livro Diário.

27.5 Inventário geral – Considerações especiais

O inventário geral patrimonial há de ser técnica e tempestivamente planejado, prioritariamente orientado por responsabilidade do profissional contábil da entidade, bem como do comprometimento da administração da azienda (empresa/instituição), quanto a lisura, legitimidade, integralidade e veracidade do relatório do patrimônio total, que é:

a) todo o patrimônio ativo – DÉBITO; e
b) todo o patrimônio passivo – CRÉDITO,

relatando individualmente:

a) cada item/elemento patrimonial; e/ou
b) cada quantidade de elementos patrimoniais – de igual valor e características, a exemplo de estoques.

27.6 Inventário geral – Livro contábil

O inventário geral patrimonial é um dos fundamentais de livros/peça/mecanismo de natureza contábil.

Serve para a própria consistência do Livro Diário, no qual também se inserem balanço/demonstrações de resultados/financeiras/patrimoniais, notas explicativas, bem como relata técnico-cientificamente toda e qualquer movimentação de conteúdo e valor patrimonial.

28
Inventário – Saldo patrimonial

Cada inventário geral indica um saldo patrimonial, que é o valor total do patrimônio ativo (bens, haveres e exclusividades), diminuído do total dos créditos da entidade perante terceiros (alheios da entidade), cujo saldo chamamos de capital próprio ou de patrimônio líquido, tido como saldo patrimonial, que pode ser positivo, negativo ou mesmo neutro.

Acontece que o simples confronto do total do saldo patrimonial entre dois inventários, sendo um inicial e outro final, referente a qualquer período, normalmente anual, resulta numa

> identificação de
> SALDO PATRIMONIAL gerado no período,
> indicando se houve aumento, diminuição ou permanência do valor patrimonial.

E tudo isso sem que tenha sido feito qualquer lançamento contábil durante todo o período e, portanto:

> sem escrituração contábil.

A partir dessa evidência, abre-se um vasto leque de buscas por respostas relativas ao patrimônio, como se naquele período:

a) houve injeção ou retirada de patrimônio na entidade?
b) houve lucro, prejuízo, distribuição de lucros...
c) que tipo de resultado: bruto, líquido, inflacionário, operacional, não operacional...;
d) valor de depreciações, valorizações, exaustões...;
e) datas e valores de operações financeiras/patrimoniais individuais;
f) cronologia dos atos e fatos ocorridos em relação ao patrimônio;
g) lisura quanto ao patrimônio (geração/aquisição/circulação/pertencimento...);
h) histórico de haveres;
i) histórico de haveres duvidosos;

j) histórico de créditos;
k) histórico de capital/fundo social;
l) histórico remuneratório;
m) evidências remuneratórias;
n) histórico de impostos;
o) evidências tributárias;
p) identificação de custos;
q) identificação de despesas;
r) histórico da aplicação/destinação dos recursos;
s) prova de regularidades fiscais;
t) fontes para realização de perícia/auditoria...;
u) fluxo de caixa;
v) rotatividade de estoques;
w) eficácia de estoques;
x) margem de contribuição por produto/mercadoria/serviço...;
y) demonstrações contábeis;
z) estrutura, análise e interpretação de balanços...

além das mais diversas respostas relativas ao patrimônio que são possíveis – pelo uso dos mais diversos mecanismos técnico-científicos contábeis, fundamentalmente por meio da

> Escrituração contábil regular

de onde, e também em observância ao inventário geral, se consolida, além do balanço patrimonial e das demonstrações financeiras/resultados – contábeis, a grande e imensa maioria das resoluções e respostas relativas ao patrimônio.

É certo que essa evidência permite e serve como

> chave para entendimento contábil.

28.1 Buscas por respostas – Contábeis

Cabe a observação de que buscas por respostas relativas ao patrimônio foi o que levou e continua levando à criação e ao desenvolvimento de técnicas, mecanismos, teorias, doutrinas..., inclusive quanto ao próprio Livro Diário, Livro Razão, Livro de Inventário – Contábil; e propriamente tendo levado ao reconhecimento da contabilidade como ciência, assim como levou, e continua levando, ao ensino profissional contábil.

28.2 Escrituração – Contábil

A contabilidade tem por base técnico-científico propriamente a

> escrituração contábil,

que é elaborada mediante princípios que se encontram descritos na Resolução CFC n.º 750/93, do Conselho Federal de Contabilidade, conforme consta no livro *Princípios Fundamentais e Normas Brasileiras de Contabilidade*: *Auditoria e Perícia,* publicação do Conselho Federal de Contabilidade, 3.ª edição, Brasília, 2008:

> Art. 3.º São princípios fundamentais de contabilidade:
> I) o da ENTIDADE;
> II) o da CONTINUIDADE;
> III) o da OPORTUNIDADE;
> IV) o do REGISTRO PELO VALOR ORIGINAL;
> V) o da ATUALIZAÇÃO MONETÁRIA;
> VI) o da COMPETÊNCIA; e
> VII) o da PRUDÊNCIA.

Para fins explicativos (objetivos) quanto a estes princípios:

I. ENTIDADE – empresa, instituição ou pessoa física – individualidade;
II. CONTINUIDADE – no sentido de sequência/contínuo...;
III. OPORTUNIDADE – registro pelo momento da identificação de qualquer circulação/movimentação/modificação... patrimonial;
IV. VALOR ORIGINAL – aquele do ato da operação patrimonial;
V. ATUALIZAÇÃO MONETÁRIA – reconhecimento da modificação do valor monetário do patrimônio, decorrente da variação do valor da moeda utilizada na elaboração e apresentação dos balanços;
VI. COMPETÊNCIA – pela data/mês/ano... de cada operação/resolução...; e
VII. PRUDÊNCIA – quanto à atribuição/previsão/apropriação... de valor monetário – para informações/expectativas coerentes e realizáveis.

PARTE DEZ
CULTURA – CONTÁBIL

29
Formação cultural – Contábil

Enquanto o campo acadêmico for a fonte promotora do conhecimento científico, a sociedade continuará sendo revestida de segurança profissional; e a ciência se mantém, se desenvolve e se propaga adequadamente, servindo como farol ao exercício profissional junto à sociedade, empresas, instituições... Obviamente, mantendo estreito vínculo/sintonia/participação... com as entidades representativas e o quadro profissional operante.

Isso ainda mais diante dos desafios na adequada modernização.

Leciona Antônio Lopes de Sá, em seu já citado livro *Teoria da Contabilidade*, 4.ª edição, Editora Atlas, São Paulo, p. 389:

> A visão exclusivamente "legal" dos informes e até dos estudos doutrinários de contabilidade tornou-se inadequada diante das profundas modificações ocorridas nas últimas décadas do século XX.

Há de o exercício do pensamento contábil ser traduzido em teoria/doutrina no curso do desenvolvimento humano, pelos costumes, leis e recursos que hodiernamente são criados, aplicados, modificados, suprimidos, supridos, resgatados, informatizados, programados...; e da essência a ser cultivada, ensinada, propagada..., que serve de assento no campo científico, caracterizando vida científica (movimento/atrito/ação/evolução...).

29.1 Contabilidade – Campo acadêmico

A contabilidade é relativa ao patrimônio; e assim como a riqueza é gerada, e se concentra, também é aplicada, e se dispersa...

O campo acadêmico contábil há de estar por excelência focado no conhecimento/desenvolvimento... em relação ao seu objeto de estudo – patrimônio, cujos retornos profissionais decorrem de valores e benefícios que são gerados/proporcionados junto à sociedade, muito em especial junto às pessoas jurídicas.

De Salomão, por exemplo, como já vimos, tido como o homem mais rico e sábio na história da humanidade, o que permanece são os seus ensinamentos. E isso é o que denota sucesso, ou seja, fazendo a diferença e significante sentido na vida das pessoas. Como exemplo, veja-se o que traz no livro *Novo Testamento – Salmos – Provérbios*, traduzido ao português por João Ferreira de Almeida (edição revista e corrigida, 1994, 1995), os Gideões Internacionais, em OS PROVÉRBIOS; "Capítulo I; PROVÉRBIOS de Salomão, filho de Davi, o rei de Israel":

> 10. Filho meu, se os pecadores procuram te atrair com agrados, não aceites.

Também, desse mesmo livro *Novo Testamento – Salmos – Provérbios*, em PROVÉRBIOS; Capítulo 16:

> 16. Quão melhor é adquirir a sabedoria do que o ouro! E quão mais excelente é adquirir a prudência do que a prata!

E o patrimônio também se transfere/entra em circulação/se destrói..., a exemplo de quanto a gastos/aplicação em troca de necessidades, caprichos, curiosidades, lazer, sinistros...; bem como por heranças, honorários profissionais, incidência de déficit/prejuízos, doações...

No já citado livro *Função Social do Contrato e Contrato Social, Análise da Crise Econômica*, 2.ª edição, Editora Saraiva, São Paulo, 2015, referindo-se à chamada *Crise das "pontocom"*, ano de 2000, p. 231, diz que:

> Em apenas três anos, a crise apagou do mapa quase cinco mil companhias e algumas das maiores corporações do setor de telecomunicações, vítimas dos maiores escândalos contábeis da história.

Basta essa evidência para a sociedade entender o necessário e prudente exercício do conhecimento contábil em benefício da humanidade, muito em especial no campo acadêmico contábil e em áreas afins.

Doutrinariamente, a área do conhecimento contábil teve expansão no século XIX (período positivista) – "amor à ciência"; hão de ser sustentados os reais fundamentos científicos e continuar sua expansão... Esse exercício está na formação profissional, na pesquisa, no cultivo do pensamento científico, do conhecimento; portanto, fundamentalmente no campo acadêmico/academias/pensadores...

29.2 Cultura acadêmica – Contábil

Além da formação profissional contábil, a cultura acadêmica também há de fomentar a distinta função, importância, significância, utilidade... dessa ciência em relação aos seus fins quanto ao patrimônio, "eficácia das células sociais" (empresas/instituições/famílias – pessoas).

Ainda, tanto na formação contábil quanto no ensino e estudo continuado dessa ciência, cabe extrapolar o conhecimento técnico-científico, adentrando numa relevante identificação também de caráter genérico cultural, a exemplo de consideradas noções filosóficas, sociológicas, históricas, políticas, administrativas, econômicas, jurídicas, literárias... – leitura...

Acontece que uma visão profissional, ainda que profunda, porém muito restrita ao caráter técnico-científico, também leva a buscas restritas...

Para isso, basta observar quais perfis de conhecimento profissional que normalmente são solicitados, procurados, ouvidos..., e propriamente cobiçados, por exemplo, para conceder entrevistas, realizar palestras, seminários, conferências..., inclusive públicas e nos mais diversos meios de comunicação; portanto destinado a públicos das mais diversas especialidades, camadas sociais, popular...

O perfil em nível de categoria profissional se origina nos meios acadêmicos...

29.3 Exercício profissional – Contábil

Primeiramente, e por excelência, o exercício profissional contábil está para o trato quanto ao patrimônio das empresas e instituições individualmente; também quanto ao patrimônio das pessoas físicas, e no exercício quanto ao cumprimento de obrigações estabelecidas pelo Estado, que são próprias de cada Estado, e oscilantes...

Mesmo diante dos já avançados mecanismos eletrônicos aplicáveis em termos de registros, resoluções, indicativos..., e propriamente de comunicação contábil, ainda assim, neste início de terceira década do século XXI, o exemplo da pandemia decorrente da Covid-19 evidenciou a necessidade do constante, criativo e atuante exercício profissional contábil.

No entanto, para os reais méritos da função social contábil, carece de ousadia quanto ao exercício em relação a meios organizacionais, analíticos, e principalmente de comunicação contábil; e isso tem a ver com a cultura acadêmica.

30
Comunicação contábil

A comunicação contábil é que dá vida às ciências contábeis.

E a cultura da comunicação contábil, além de ser adequadamente pensada e motivada no campo acadêmico, há de ser fortalecida junto ao quadro profissional já em exercício, portanto tratada no ensino e no estudo continuado, na melhor sintonia e aplicação dessa ciência; também há de adentrar na difusão de noções contábeis junto à comunidade empresarial, institucional e perante as áreas afins da contabilidade, bem como a despertar interesse já no ensino médio, tanto para busca/aplicação quanto para carreiras de estudo.

Assim, ensinamentos relativos à contabilidade terão que ser pensados e proporcionados também para além de eventos a instruir acadêmicos e profissionais contábeis, sempre em linguagem adequada.

30.1 Comunicação técnica e social

No desenvolvimento e exercício de comunicação contábil, além do elemento de comunicação, no que tange à linguagem e a nomenclaturas, também há de se entrar no mérito quanto a: autoestima, postura, desenvoltura... profissional.

Quanto à expertise em relação a meios eletrônicos, trata-se de um constante desafio.

30.2 Comunicação – Difusão contábil

Pela difusão de conhecimento, alternativas de funções, expectativas e benefícios quanto ao uso dessa ciência junto à sociedade, abre-se diálogo saindo do campo da informação para o campo da comunicação contábil, por estabelecimento de sintonia decorrente de noções mútuas sobre essa natureza de conhecimento entre o profissional contábil e a sociedade, no próprio exercício da cidadania.

E é das mais diversas camadas sociais e naturezas de conhecimento que surgem os promotores, protagonistas, condutores, responsáveis... das organizações públicas e privadas.

E também por isso a importância de noções sobre contabilidade ao público em geral, ao menos para a leitura e assimilação de informações contábeis de ordem geral, a exemplo de balanços; e para a observância quando da criação de leis e no exercício delas em relação ao patrimônio.

Portanto, também para fins organizacionais no âmbito das instituições públicas, e daquelas privadas, a exemplo de fundações, associações, cooperativas, partidos políticos, igrejas, na busca da efetiva e conveniente aplicação desse conhecimento.

O já aqui citado Pacioli lecionava fundamentalmente para comerciantes, pois na sua era (século XV) ainda não existia propriamente o reconhecimento científico contábil e, por consequência, também não existia o profissional contábil legalmente habilitado. Lecionando para comerciantes, conforme traz no também já citado livro *Luca Pacioli, um Mestre do Renascimento*, p. 128/129:

> Repetimos, pois, que o comerciante que não tem conhecimento contábil tende a andar às apalpadelas em seus negócios e poderá ter sérias perdas. Portanto, em algum estudo e cuidado, esforça-te sobretudo em ser bom contador...

E essa cultura de difusão do conhecimento contábil há de ser cultivada, bem como ampliada para as mais diversas camadas da sociedade, ainda que para o essencial conhecimento quanto a utilidades e benefícios que são gerados por essa ciência, bem como da sua função social, ramos específicos de atuação e suas finalidades, visando à mais adequada comunicação, continuidade, expansão, utilização e propriamente admiração dessa área do conhecimento.

30.3 Difusão contábil – Reconhecimento contábil

Quando amplamente difundida, além de ser melhor aplicada e utilizada no aspecto técnico-científico-social, a contabilidade também passa a ser melhor percebida como própria/distinta/indispensável... e fazendo parte da convivência humana; também não concorrente em relação a outras áreas do conhecimento, quanto a sua essência.

30.4 Cotidiano uso e comunicação contábil

Fazendo uma correlação do público em geral com o profissional contábil quanto ao cotidiano uso de conhecimento de natureza contábil, segue uma estrofe da poesia intitulada "Calculando em namorar", constante no livro *Poe-*

ma Rima Canção, Santa Editora, Florianópolis, 2020, p. 88, de autoria deste autor:

> Em conta, habilidade,
> Orador no conversar,
> Na reta, curva, na mira...
> Calculando pra acertar,
> Todo mundo contador,
> Grana e bem particular,
> Calculando na bebida,
> Calculando em namorar.

Isso mesmo: todos exercem relevante grau de conhecimento e aplicação contábil na vida cotidiana, cabendo à classe contábil tornar notória a função e os benefícios técnico-científico-sociais dessa ciência.

No entanto, em observância à prudência no exercício profissional contábil, cabe uma reflexão quanto ao pensamento que diz:

> Um simples lavrador é mais prudente nos assuntos da sua própria casa do que um conselheiro privado nos assuntos de outro homem.

31
Atualização cultural contábil

Científico
    Técnico-científico
        Técnico-operacional
            Técnico-obrigacional
                Técnico-digital...

O imaginário e o cultural influenciam e até mesmo determinam caminhos e cursos de vida de uma pessoa, de uma sociedade, de um povo, de uma nação...; também de uma área do conhecimento, de uma empresa, de uma instituição...

Os autores Antônio Carlos de Souza Cardoso e Luiz Fernando Coelho da Rocha, no livro *Lopes de Sá, Excelso Cientista da Contabilidade: Contribuição à História da Contabilidade no Brasil*, Editora Juruá, Curitiba, 2006, p. 9, dizem que:

> A história de uma Nação se constrói com fatos praticados por todos, mas se glorifica através dos que contribuem para o desenvolvimento da cultura.

Há de a contabilidade estar efetivamente inserida no campo de interesses da sociedade, portanto popular; e a responsabilidade quanto à formação, propagação, promoção, permanência e propriamente na atualização da cultura contábil é da própria categoria contábil – na preservação e no desenvolvimento técnico-científico.

E sempre deve ser vista como fonte de conhecimento, na melhor identificação/resolução/visão/deliberação... e geração de benefícios em relação ao patrimônio.

Certamente, a difusão de uma noção contábil, portanto relativa ao patrimônio junto à sociedade em geral, despertará muito mais interesse ao protagonismo empreendedor..., independente da função exercida por parte de cada um, para melhor sintonia e progresso, junto às entidades empreendedoras/institucionais em que atua.

Também ao trilhar caminho em direção ao estudo técnico-científico contábil, ao exercício profissional desse ramo do conhecimento; por excelência, quanto ao caráter científico...

31.1 Gargalos contábeis

Os principais gargalos de superação contábil acontecem quando da incidência de fatores inflacionários, de sonegação, e propriamente por distorções de governança e de leis; portanto, relativos a fatores culturais...

Nesses momentos, a contabilidade se torna ainda mais necessária, inclusive em relação à correção quanto à origem das distorções, dado o seu caráter científico.

31.2 Contabilidade – Benefícios

A sociedade, de alguma forma, há de ser orientada sobre o que a contabilidade pode gerar de benefícios para empresas/instituições/sociedade – pessoas..., por se tratar de uma ciência social.

Na difusão dessa natureza de conhecimento pode-se tratar de assuntos de interesses por parte de públicos distintos/específicos, a exemplo de públicos relativos ao setor empreendedor, público, artístico, desportivo, fundacional, acadêmico, categorias de empregados...

E são múltiplos os benefícios que o exercício contábil visa a proporcionar, e quem sabe até mesmo insondáveis, ainda que por consequências... Exemplos:

a) lucros;
b) lisura quanto a contratos laborais e cálculos remuneratórios, de impostos, encargos/contribuições...;
c) imparcialidade nos procedimentos remuneratórios/laborais;
d) transparência no erário público;
e) histórico de registros monetários, como memória, sustentação de garantias futuras, e propriamente para fins de provas, inclusive judiciais, fiscais, societárias;
f) organização funcional;
g) desenvolvimento sustentável de entidades jurídicas;
h) indicativos de liquidez/fluxo de caixa;

i) identificativos quanto à capacidade de financiamento/pagamento;
j) indicativos quanto à capacidade de expansão;
k) indicativos quanto a retorno sobre investimentos;
l) indicações quanto à independência financeira;
m) previsões orçamentárias;
n) fé pública...

Também que significa:

- mais organização – ocupação com o essencial;
- mais rapidez e consistência – na tomada de decisões;
- mais facilidade de créditos;
- mais proteção e segurança do patrimônio;
- mais eficiência na comunicação;
- mais eficácia patrimonial;
- mais consistência quanto às finalidades;
- mais credibilidade (sustentação) no contar patrimonial...

Isso por si só oferece uma ideia/amostra quanto a benefícios por utilização de conhecimento contábil no exercício das funções de cada entidade jurídica/ de cada cidadão.

E propriamente criando um sentimento de identificação, utilidade, conveniência, importância, necessidade, admiração e de *status* quanto à profissão contábil; até mesmo por tratar de patrimônio/dinheiro, o que faz cada um exercer atividades diárias, a começar com aquelas destinadas ao seu próprio sustento.

31.3 Contabilidade – Contar

Todo valor de caráter monetário, em relação à pessoa jurídica, deve ser contado contabilmente e, ainda que por mecanismos rudimentares, também o da pessoa física.

Assim, cabe ao profissional contábil o fundamental exercício de contar em relação ao patrimônio utilizando a melhor forma de aplicar esse conhecimento.

Contar contabilmente é calcular/mensurar/registrar/escrever/apurar/identificar/caracterizar/resolucionar/responder/transmitir/segregar/privacionar/ evidenciar/confirmar... em relação ao patrimônio.

31.4 Contabilidade – Grade curricular

Além de adequada composição quanto a grades curriculares relativas a estudo de caráter contábil, especialmente diante da dinâmica do mercado, inclusive quanto ao aspecto tecnológico, também cabe especial atenção quanto à nomeação/nomenclatura das disciplinas a serem ministradas/estudadas, a exemplo de:

a) contabilização industrial;
b) contabilização agrícola;
c) contabilização bancária;
d) contabilização comercial;
e) contabilização tributária;
f) contabilização ambiental;
g) contabilização de custos;
h) contabilização de despesas...

Isso porque tudo é contabilidade, ou seja, que não se trata propriamente de contabilidades distintas, e sim de mecanismos técnico-científicos de contabilização, que, dada a natureza de função da azienda (empresa ou instituição), passa a incidir em algumas particularidades específicas de contabilização.

Portanto, e como exemplo, não se trata propriamente de contabilidade agrícola, e sim disciplina de contabilização agrícola, ou seja, da forma de contabilizar no que incide em particularidades relativas ao exercício de atividade agrícola.

Ademais, por exemplo, uma empresa pode ter atividades agrícolas, industriais e comerciais e, no exercício da contabilidade, irá contabilizar a movimentação:

a) agrícola – na forma técnico-científica de contabilização agrícola;
b) industrial – na forma técnico-científica de contabilização industrial; e
c) comercial – na forma técnico-científica de contabilização comercial.

No entanto, a empresa terá uma única escrituração contábil.

32
Ramos de atuação – Contábil

Mercado de trabalho contábil, ou atuação técnico-científico-social contábil?

A própria tecnologia deve estar assentada na ciência para a sua melhor consistência no que tange ao patrimônio contábil.

Já Leonardo Da Vinci admitia que a tecnologia deve estar apoiada pela ciência.

32.1 Endosso profissional contábil – Exclusividade

Na vigência desta terceira década do século XXI, as ciências contábeis vêm contando com o privilégio de caber exclusivamente a esses profissionais legalmente habilitados o necessário endosso de inúmeros documentos/relatórios/pareceres... contábeis, a exemplo de balanços, perícias, auditorias... – de uma forma muito mais ampla e frequente do que por parte de profissionais de inúmeras outras áreas do conhecimento quanto às suas especialidades.

E, de fato, é ambicioso exercer funções que incidem em necessário endosso de exclusividade profissional...

Porém, o universo do conhecimento contábil vai muito além daquele de necessário endosso por exclusividade profissional contábil, que tem o caráter de dar fé pública às referidas informações/comunicações... técnico-científicas constantes nos específicos relatórios/documentos, os quais, em larga escala, também incidem em obrigações de ordem legal.

Ainda, aquilo que é obrigação de ordem legal é também de aplicação genérica e, portanto, normalmente de aplicação por parte de todas as entidades jurídicas no que incidir nas referidas obrigações.

Dessa forma, fundamentalmente, cabe a cada entidade jurídica fazer o seu diferencial pelo uso de mecanismos contábeis de interesse e iniciativa interna gerencial, ou seja, que vai além daqueles obrigatórios de uso geral.

Cabe à área contábil evidenciar essas alternativas de função.

32.2 Demanda profissional contábil

Quando o exercício profissional contábil é cultural e amplamente assimilado junto à sociedade e, por consequência, oferecido/procurado/buscado... também para fins gerenciais e propriamente de ensino, além daqueles de cumprimento obrigatório, a demanda profissional contábil ganha fantástica dimensão.

Assim, a cada profissional ou organização contábil cabe o exercício que se propõe a fazer e que lhes for confiado/contratado. Dessa forma, mais de um profissional ou organização contábil possa, dadas as suas especialidades, atuar em atendimento a áreas específicas de uma mesma empresa/instituição, seja de caráter permanente, periódico ou mesmo para situações especiais, o que é salutar na cultura contábil, cabendo adequada sintonia profissional.

O principal papel da contabilidade está voltado para o fortalecimento das células sociais individuais; posteriormente, e também por consequência, aos interesses sociais, além daqueles governamentais, tudo em relação ao patrimônio.

Assim, a contabilidade é do interesse de cada entidade jurídica/de cada cidadão.

32.3 Procura-se por contabilista

Além do vasto campo no setor público e da busca por contabilista para constituir entidade jurídica privada e cumprir com as respectivas exigências legais de caráter contábil, todas as entidades jurídicas privadas, inclusive aquelas de menor porte e, portanto, a sociedade empreendedora em geral, pode incidir em necessidade/conveniência/apoio..., por exemplo, para fins de:

a) estudo de viabilidade econômica, financeira e funcional, para possível constituição de uma entidade jurídica;
b) consultoria/diagnóstico organizacional estrutural de uma entidade jurídica, para tomada de decisões;
c) fluxo de caixa;
d) orçamento;
e) projeção de valores (estimativas);
f) análise de balanço;
g) análise financeira;
h) auditoria pública;
i) auditoria interna;

j) perícia específica;
k) gestão e política de estoques;
l) ponto de equilíbrio;
m) margem de contribuição;
n) controladoria financeira;
o) controladoria de custos;
p) planejamento tributário;
q) planejamento para expansão de negócios;
r) planejamento estratégico estrutural/de gestão;
s) contratos...

Empresas, instituições e pessoas físicas carecem da utilização de inúmeros ramos do conhecimento de natureza contábil e cada uma faz o exercício/busca, em relação a sua cultura/noção, em relação à contabilidade...

Ademais, o conhecimento contábil não se limita à prestação de serviços dessa natureza; vai ao campo empreendedor, gestor, político, estatístico, ensino, pesquisa, tecnologia, inovação..., de acordo com as escolhas, especializações, habilidades, focos, oportunidades, interesses, percepções, intuições, demandas, leis..., na atuação técnico-científico-social contábil..., fundamentando, exercendo, deliberando, utilizando, gerando, propagando... conhecimento contábil.

PARTE ONZE

CONSULTORIA ORGANIZACIONAL

33
Por que consultoria...

Consulta pode ser objeto de solicitação/procura/sondagem/pedido/oferta...; assim, consultor tanto é aquele que dá conselho quanto o é aquele que pede conselho...

E quem solicita consulta procura por alguém que possa solucionar seu problema.

Nesse sentido, consultoria pode ser referente à demanda de qualquer área ou natureza de conhecimento; portanto, não necessariamente relativo a áreas de profissão regulamentada. Exemplos: manejo na criação de suínos; produtos de beleza; cinema; cartomancia; saúde; dança; música; vendas...

Então, consultoria não se trata propriamente de uma faculdade/profissão regulamentada, e sim de conhecimento/habilidade em tratar de determinado assunto.

No entanto, tratar de matéria objeto de endosso exclusivo de profissão regulamentada incide em habilitação profissional conferida legalmente.

33.1 Consultoria organizacional – Aziendas

Relativo a aziendas (empresas/instituições), consultoria organizacional trata-se de matéria plausível de atuação por parte de inúmeras áreas de conhecimento de profissão regulamentada, e propriamente de expertise sobre o assunto.

33.2 Habilidades consultivas

Acontece que o exercício de consultoria organizacional, além do conhecimento técnico-científico (no que couber), também tem que se ater a habilidades consultivas.

E não há propriamente um rol de habilidades e técnicas consultivas a serem desenvolvidas/cultivadas/seguidas/dominadas...; também significa lidar com percepções, crenças, valores, tradições, culturas, históricos, experiências, comportamentos, perfis, conhecimentos, objetivos, expectativas, finalidades/propósitos..., relacionamentos, na identificação de alternativas coerentes com a realidade da empresa/instituição, inclusive quanto ao seu ambiente empresarial/institucional – interno e externo.

Assim, pode incidir em objeto de estudo/treinamento/preparo ao exercício consultor.

O principal papel a ser exercido pelo consultor é o de examinar, identificar realidades e causas, bem como identificar e apontar caminhos/soluções/plano de ações... como alternativas; isso porque o exercício de realização das ações que vierem a se fazer necessárias pode ou não vir a ser objeto de atuação do consultor.

Exemplo: um consultor organizacional contábil, no caso de ter identificado a necessidade de redimensionar a estrutura física do ambiente interno de uma fábrica para seu melhor funcionamento, certamente incidiria em objeto de realização da referida ação por parte de profissionais da engenharia/arquitetura/segurança do trabalho...

E carece de pleno desprendimento do consultor na percepção/identificação das causas de problemas, nas alternativas de caminhos/soluções/oportunidades... Isso, por si só, justifica também a necessária prudência ao emitir alternativas de ações a serem realizadas.

No livro *Propósito da Missão: os Fundamentos na Organização das Entidades sob uma Visão Contábil*, 1.ª edição, Editora AGE, Porto Alegre, 2019, de autoria deste autor, p. 54, se afirma:

> A consultoria independente, além da responsabilidade profissional, e por estar munida de perícia, técnica e habilidades consultivas, investe-se em liberdade de iniciativa e de ação.

Por excelência, profissionalmente, em consultoria convém atuar com base em diagnóstico organizacional.

Dan Brown, no seu livro *Origem*, tradução de Alves Calado, Editora Arqueiro, São Paulo, 2017, p. 332, traz que:

> Se admitirmos uma Primeira Causa,
> a mente ainda anseia por saber
> de onde ela veio e como surgiu.

PARTE DOZE

CONFIANÇA

34
Tipos de confiança

Trata-se de um sentimento – confiança – relativo a segurança/crédito/boa fama/acreditar/confiar...

Incide em classificação:

a) confiança pessoal – particular;
b) confiança profissional – conhecimento/habilidade/perícia (sobre uma atividade); e
c) confiança institucional – instituição (Nação/Estado/Município/empresa/associação/fundação...).

Para cada situação, um desses tipos de confiança passa a ser prioritário. Exemplos – quanto a:

a) casamento (cônjuge);
b) construção civil (engenharia);
c) presidente (de um Estado/Nação/Associação...).

Cabe a cada um pensar, quanto a critério, no tipo de confiança a ser priorizado – em cada situação/decisão...

34.1 Confiança – Contador

É inquestionável o excelente histórico no que tange a boa conduta, transparência, lealdade, boa-fé, veracidade... – confiança – quanto ao exercício profissional contábil.

É de se admitir que, ampla, ordinariamente, e até mesmo de forma extraordinária, tanto por parte do empreendedorismo, quanto do Estado, das instituições públicas e privadas, bem como da sociedade em geral – nacional e internacionalmente – seja depositado elevado grau de confiança pessoal, profissional e institucional no profissional contábil.

Isso porque, própria e certamente, em nível de formação acadêmica/estudo/ensino continuado/fiscalização/congregação/histórico reconhecimento no exercício desta profissão..., a categoria profissional contábil passa a sentir compromisso em oferecer e garantir confiança pessoal, profissional e institucional para a sociedade como um todo.

Ressalta-se que, assim como o elogio é bom, também é comprometedor; que assim seja, fortalecendo a confiança.

34.1.1 Fé pública – Contador

O exercício profissional contábil também está para oferecer, e propriamente garantir, fé pública quanto aos endossos profissionais da sua responsabilidade; o Estado conta e a sociedade precisa viver com esse sentimento de proteção.

PARTE TREZE

CONTABILIDADE – ENTIDADES REPRESENTATIVAS

35
O papel a ser exercido por parte de cada entidade representativa contábil

São inúmeras as entidades de caráter representativo contábil, nacional e internacionalmente.

Cada uma está para exercer o seu papel perante a categoria, a sociedade e propriamente perante o Estado, em nível de cada proposta funcional e de abrangência.

Ao menos no Brasil, tem-se o Conselho Federal de Contabilidade como a tônica na representação dessa categoria profissional.

No já citado livro *Propósito da Missão: os Fundamentos na Organização das Entidades sob uma Visão Contábil*, 1.ª edição, Editora AGE, Porto Alegre, 2019, de autoria deste autor, p. 19, consta que:

> Na formação de entidade jurídica, antes mesmo do atendimento a requisitos de legalidade, incidem fatores essenciais, como proposta para justificar sua própria constituição.

O papel a ser exercido por parte de cada entidade representativa contábil sempre há de estar claro perante seus usuários, muito em especial perante os próprios profissionais contábeis, acadêmicos dessa categoria, poderes públicos, e propriamente perante as demais entidades representativas da categoria.

35.1 Entidades representativas contábeis – Sintonia

O estabelecimento, a manutenção e a evolução de sintonia entre as mais diversas entidades representativas contábeis resulta de estudo participativo entre estas, bem como do cultivo e do efetivo exercício dos seus respectivos papéis.

Isso fortalece a categoria, bem como leva a melhor eficácia quanto ao papel a ser exercido por parte de cada entidade.

Assim, cabe às entidades representativas da contabilidade – em sintonia – atuar em claro e expresso posicionamento quanto à

- **visão** – em relação a expectativas, no sentido de perseverar numa considerada e efetiva

- **missão** – fundamentada em cabíveis
- **princípios** – para evidente(s)
- **propósito(s)** – no exercício da específica
- **função social** – por parte de cada entidade contábil,

cujas definições podem coincidir ou ser distintas entre as entidades, em relação ao seu papel a ser exercido.

36
Ciências contábeis –
Papel/Sintonia social – Uma alternativa

Como ponto de partida no desencadear de clareza e sintonia quanto ao papel a ser exercido por parte de cada entidade representativa contábil, segue um – entendimento/alternativa em relação à comunicação social objetiva, propriamente quanto às ciências contábeis, que são a fonte da origem de todas as entidades representativas dessa categoria profissional.

Assim, no entendimento de que as ciências contábeis, dentre os mais diversos sentidos de contar, fundamentalmente quanto a identificar, calcular, mensurar, comunicar – comunicação – e confiar (confiança), denota a ter como:

> **MISSÃO**
> contar, em relação ao patrimônio

a um considerado efetivo propósito que denota ser:

> **PROPÓSITO**
> a eficácia das células sociais

com fundamento nos seus necessários princípios, que indicam ser:

> **PRINCÍPIOS**
> entidade; continuidade; oportunidade; registro pelo valor original; atualização monetária; competência; e prudência.

no exercício da sua função social, que denota ser:

> **FUNÇÃO SOCIAL**
> estudo do patrimônio

e, também, que, num caráter direto, evidente, e quem sabe até mesmo perene – sob a ótica deste estudo – sugere fazer sentido de a contabilidade ter como:

> **VISÃO**
> ser a fonte da eficácia patrimonial.

    Ressalta-se que essas alternativas aqui externadas surgem com fundamento na bibliografia citada neste trabalho, com especial reflexão quanto ao teor do livro *Propósito da Missão: os Fundamentos na Organização das Entidades sob uma Visão Contábil*, Editora AGE, Porto Alegre, 2019, de autoria deste autor.

… PARTE QUATORZE

LIBERDADE DE EXPRESSÃO – PRUDÊNCIA

37
Liberdade/Pensamento/Estudo/ Conclusão/Sentimento... – Prudência

O externar do sentimento verdadeiro de cada um permite a grata e ímpar oportunidade de ensinar/aprender/despertar/alertar/estudar/pesquisar/reconstituir/rever/corrigir/libertar/contribuir/enaltecer/congregar/acreditar/confirmar... proporcionando evolução.

Já alertava Aristóteles, conforme no citado livro *Órganon*, tradução, textos adicionais e notas de Edson Tombini, 3.ª edição, Editora EDIPRO, Bauru – SP, 2016, p. 418:

> ..., pois, ninguém é por natureza sensato.
> ...
> Assim, tudo o que for geralmente considerado como honroso ou desonroso, ou qualquer outra coisa desse tipo, sem qualquer qualificação adicional, será assim chamado numa acepção estrita e absoluta.

37.1 Exercício do pensamento – Viver

O exercício do pensamento em oferecer contribuições visando à evolução do conhecimento, ainda que em áreas regulamentadas e distintas da especialidade de cada um, é sinônimo de liberdade/de viver; e de estreitas oportunidades em ampliar sintonia no contexto da complexidade cultural humana... – propriamente em relação ao universo...

> Não há fatos eternos, como não há verdades absolutas. (Friedrich Nietzsche)

37.2 Liberdade – Prudência

A partir de um relevante estágio evolutivo do conhecimento, pelas teorias, doutrinas... existentes, também se eleva a expectativa quanto à prudência – quando no exercício da liberdade de expressão, principalmente no que tange a áreas do conhecimento de profissão regulamentada.

> Aqueles que se enamoram da prática sem teoria são como navegadores que entram em navio sem leme nem bússola, que jamais têm certeza para onde caminha. Sempre a prática deve ser edificada sobre a boa teoria.
> (Leonardo da Vinci)

37.3 Especialista – Manifestação

Principalmente a profissionais de cada uma das diversas áreas do conhecimento cabe manifestação quanto a matérias externadas relativas a sua especialidade, ao menos quando sugere incidir em evidente e flagrante conflito, e independente de quem as externa, porém há de ser garantida a liberdade de expressão.

A Constituição brasileira de 1988, em seu inciso IV do art. 5.º, faz alusão e propriamente apelo ao manifesto do pensamento como sentimento de obrigação:

> IV – é livre a manifestação do pensamento, sendo vedado o anonimato;

Voltaire deixou seu pragmático e contundente entendimento quanto à manifestação do pensamento:

> Posso não concordar com nenhuma das palavras que você disser, mas defenderei até a morte o direito de você dizê-las.

É verdade que o manifesto do pensamento proporciona múltiplas oportunidades, inclusive quanto à própria revisão do pensamento; também que o prévio estudo, reflexão, pesquisa... é sinal de respeito à própria liberdade de expressão, especialmente dependendo da forma de manifestação e seu alcance, a exemplo do que se expressa em livros, revistas, jornais, documentários...

37.4 Atrito – Evolução

Visando a conclusões assertivas propriamente do atrito por conflitos de pensamentos, abrem-se portas ao desenvolvimento e à evolução...

Traz, no já citado livro *John Stuart Mill & a Liberdade*, do escritor Mauro Cardoso Simões, Editora Zahar, Rio de Janeiro, 2008, p. 13, referindo-se a Jonh Stuart Mill:

> Sem rejeitar a filosofia utilitarista, ele a critica, enriquece-a e a torna flexível, abrindo portas para outras correntes diferentes e, por vezes, opostas.

Luiz Fernando do Vale de Almeida Guilherme, em seu já citado livro *Função Social do Contrato e Contrato Social: Análise da Crise Econômica*, 2.ª edição, Editora Saraiva, São Paulo, 2015, p. 65, traz:

> Na visão de Luciano Benetti Timm, a ciência evoluiu a partir do conflito de teorias e paradigmas,...

Adam Smith traz em seu já citado livro *A Riqueza das Nações*, tradução e seleção de Norberto de Paula Lima, 3.ª edição, Editora Nova Fronteira, Rio de Janeiro, 2017, p. 593:

> Não existe nada absurdo demais, diz Cícero, que não tenham dito os filósofos.

E Platão, no livro *Fédon*: *Diálogo Sobre a Alma e Morte de Sócrates*, tradução de Miguel Ruas, 3.ª reimpressão, 2011, Editora Martin Claret, São Paulo, 2002, p. 26, diz:

> Todos os que se dedicam à filosofia, no sentido preciso da palavra, correm o risco de ser mal compreendidos...

37.5 Pensamento/Perseverança – Evidência ímpar

Quando um pensamento/assunto/abordagem... exige perseverante raciocínio, reflexão, pesquisa, exame, estatística... para plausível conclusão/contraponto/confirmação/rejeição/aceitação..., trata-se de evidência ímpar, que pode estar relacionada a percepção/identificação/intuição/crença/fé/visão/imaginação..., o que parte do sentimento de verdade/convicção... de uma pessoa.

Propriamente da imagem que se cria (com sentimento de verdade) é que se desencadeia a ação:

– imagem (+) ação: imaginação.

Encontramos no já acima citado livro *John Stuart Mill & a Liberdade*, Editora Zahar, Rio de Janeiro, 2008, p. 36:

> ... a história nos ensina que as ideias mais resistentes, as que tiveram maior impacto sobre o progresso da humanidade, foram ideias de indivíduos dissidentes e perseguidos.

37.6 Ensino/Saber – Enaltecer

Carece de ser motivada e enaltecida iniciativa e exercício de pensamento científico, filosófico, literário..., mesmo quando por contribuições oriundas de pensadores de áreas diversas da sua própria formação e especialidade; também com prudência quanto aos seus ensaios e limitações...

Traz Álvaro Rodrigues Júnior, em seu livro *Liberdade de Expressão e Liberdade de Informação, Limites e Formas de Controle*, Editora Juruá, Curitiba, 2009, p. 70:

> Os exemplos de Sócrates (469-339 a.C.), Galileu (1564-1642 d.C.) e tantos outros intelectuais que pagaram com sangue (quando não com sua própria vida) o preço por expor suas ideias refletem dramaticamente a relevância da liberdade de expressão como garantia do discurso acadêmico e como ferramenta indispensável para o desenvolvimento da humanidade tanto na esfera cultural como na técnico-científica.

Valioso também um ensinamento de Cora Corolina:

> Feliz aquele que transfere o que sabe e aprende o que ensina.

37.7 Percepção manifesta – Conclusões...

Percepção – quando já cuidadosamente admitida como plausível de ser informada, seu compartilhamento leva às melhores conclusões...

> Nada está no intelecto antes de ter passado pelos sentidos. (Aristóteles)

37.8 Exercício do pensamento – Ciência

> É o exercício do pensamento que gera ciência...
> A ciência não pensa; isso não é nenhum defeito, mas uma vantagem.
> (Martin Heidegger)

37.9 Contribuição evolutiva – Sentimento de felicidade

Diante do estreito vínculo com este tema, traz no já citado livro *John Stuart Mill & a Liberdade*, Editora Zahar, Rio de Janeiro, 2008, p. 46:

> Racionalidade, livre e informada, e a autonomia tornam-se uma fonte inesgotável de felicidade. O indivíduo, sem faltar aos deveres exigidos que a

vida em sociedade lhe impõe, conserva seu direito a uma vida privada, um domínio no qual é o único a conceber e a julgar.

É próprio do ser humano sentir felicidade no prosperar...

Numa estrofe da poesia sob o título "E a Felicidade...", que consta no livro *Poema Rima Canção II*, Santa Editora, Florianópolis, 2021, obra deste autor (Adir João Somariva), p. 49, diz:

> Vida é movimento,
> É fazer, é desejar...;
> E a felicidade –
> Hospedeira no prosperar...

Gerar e propagar consistentes contribuições relativas a áreas estruturais do conhecimento humano causa sentimento de felicidade.

PARTE QUINZE

INDEPENDÊNCIA FINANCEIRA

38
Independência financeira – Uma questão cultural...

Sim: independência financeira – uma questão cultural de cada um, como proposta de vida frente a cada estágio da evolução humana, mesmo em relação aos recursos, utilidades, moda... que são criados; e da capacidade e determinação em gerar valor para alguém/para determinados públicos..., o que resulta em fonte de renda...

Caprichos financiados – cuidado!
Gastar tudo – sempre pobre; guardar tudo – vida miserável...
Capital (de risco – gerar lucro) – Empreendedorismo...
Patrimônio/financeiro eficaz à proposta de vida... – sabedoria...
Escolhas são desafios...; também liberdade e responsabilidade... Assumir...
É diferente financiar para gastar..., de ser para evitar despesas/gerar lucros...

38.1 Fundos patrimoniais – Conveniência

Convém gradativamente criar o seu próprio fundo de reserva/investimento... financeiro/patrimonial, que ainda pode gerar valor em favor próprio, ao invés de limites e uso de créditos comprometedores de possíveis ganhos futuros, causando inversão de riqueza, portanto em favor das fontes financiadoras.

38.2 Cultura financeira – Revisão

Cada um pode rever sua cultura financeira, inclusive em relação a sonhos, propósitos, aspirações, momentos e propriamente estágios da vida, muito em especial pela leitura.

Há de se desenvolver qualidades para adquirir capacidade financeira a honrar com a satisfação das próprias necessidades de vida/evolução almejada, ou rever objetivos...

Carece de ousadia, de objetivos, metas, missão, ação e propósito de vida para realizações, que decorrem de posicionamentos...; ou esperar por meras casualidades...

38.3 Dignidade – Patrimônio

O patrimônio material ajuda para uma vida digna, que também se fundamenta em boas maneiras de comportamento humano, bons costumes, no trato com as pessoas, na fala, na postura, na alimentação, na bebida, na expressão, no cultivo dos bons pensamentos, na reflexão, na convivência, na ação, nos princípios e propósitos que se cultiva, na saúde...

38.4 Independência financeira – Padrão de vida

Independência financeira, independente do padrão de vida criado, ou pretendido, há de ser uma tônica cultural perseverante por parte de cada um; trata-se de dignidade e respeito de si mesmo e viver a liberdade.

Epílogo

O nome de patrimônio como elemento patrimonial é de natureza contábil; e distinto quanto ao sentido de pertencimento da pessoa, que é de natureza jurídica.

Propriamente as disciplinas relativas a cada uma dessas ciências hão de expressar o seu mais genuíno sentido.

A natureza de conhecimento científico também se identifica e se expressa pelas nomenclaturas que são usadas em sua definição, conceitos, disciplinas... – em relação ao seu objeto de estudo.

Quanto às ciências contábeis, em termos de nomenclaturas, muito em especial quanto ao patrimônio, neste trabalho se apresentou conveniente externar entendimentos; e, nesse idêntico sentido, pelo vínculo de áreas afins da contabilidade, também externando entendimentos em relação ao campo jurídico.

Toda pessoa física ou jurídica, de alguma forma, tem envolvimento com patrimônio.

O conhecimento contábil é verbo/exercício/ação... no mundo dos negócios/no exercício público/na vivência em sociedade... em relação ao patrimônio.

É notório o profissionalismo e a lealdade no exercício da profissão contábil, em sintonia com a proposta que se espelha no símbolo desta profissão – CADUCEU.

Como ciência social, é imperioso que noções básicas de contabilidade sejam propagadas junto a áreas afins contábeis; e propriamente a ser de conhecimento popular – na sua melhor utilização... Para isso, a linguagem, a objetividade e o alcance hão de ser próprios para públicos distintos.

A frequência e o adequado uso de linguagem e nomenclaturas relativas a uma ciência se convertem em cultura de uma sociedade; quanto às ciências contábeis, em relação ao patrimônio, isso depende do posicionamento da própria categoria profissional contábil.

Referências

A Bíblia Sagrada, Antigo e Novo Testamento, traduzida ao português por João Ferreira de Almeida, revista e atualizada no Brasil. 2.ed., São Paulo, 1993.

ARISTÓTELES. **Órganon**, tradução, textos adicionais e notas de Edson Tombini. 3.ed. Bauru – SP: Edipro, 2016.

ARISTÓTELES. **Política**, tradução de Pedro Constantin Tolens. 6.ed., 14.reimpr. São Paulo: Editora Martin Claret, 2015.

BROWN, Dan. **Origem**, tradução de Alves Calado. São Paulo: Editora Arqueiro, 2017.

CARDOSO, Antônio Carlos de Souza; e ROCHA, Luiz Fernando Coelho da. **Lopes de Sá:** Excelso Cientista da Contabilidade, Contribuição à História da Contabilidade no Brasil. Curitiba: Editora Juruá, Curitiba, 2006.

CONSELHO FEDERAL DE CONTABILIDADE. **Princípios Fundamentais e Normas Brasileiras de Contabilidade: Auditoria e Perícia.** 3.ed., Brasília, 2008.

DUGUIT, Léon. **Fundamentos do Direito**, tradução de Márcio Pugliesi. 3.ed. São Paulo: Editora Martin Claret, 2009.

GHILHERME, Luiz Fernando do Vale de Almeida. **Função Social do Contrato e Contrato Social**: análise da crise econômica. 2.ed. São Paulo: Editora Saraiva, 2015.

HARARI, Yuval Noah. **Sapiens:** uma breve história da humanidade, tradução de Janaína Marcoantonio. 24.ed. Porto Alegre: Editora L&PM, Porto Alegre, 2017.

HOBBES, Thomas. **Leviatã**, tradução de João Paulo Monteiro e de Maria Beatriz Nizza da Silva. 4.ed. São Paulo: Editora Martins Fontes, 2019.

JÚNIOR, Álvaro Rodrigues. **Liberdade de Expressão e Liberdade de Informação:** Limites e Formas de Controle. Curitiba: Editora Juruá, 2009.

MARX, Karl. **O Capital:** Crítica da Economia Política, tradução de Reginaldo Sant'Anna, volume 1. 37.ed. Rio de Janeiro: Editora Civilização Brasileira, 2020.

NOVO TESTAMENTO – SALMOS – PROVÉRBIOS, traduzido ao português por João Ferreira de Almeida. **Os Gideões Internacionais**. Edição revista e corrigida (1994, 1995).

PLATÃO. **Apologia de Sócrates Críton**, tradução do grego, introdução e notas de Manuel de Oliveira Pulquério. Lisboa: Editora Edições 70, 2018.

PLATÃO. **Fédon:** Diálogo Sobre a Alma e a Morte de Sócrates, tradução de Miguel Ruas, 3.reimpr. São Paulo: Editora Martin Claret, 2002.

REALE, Miguel. **Lições Preliminares de Direito**. 27.ed., 22.tir. São Paulo: Editora Saraiva, 2002.

SÁ, Antônio Lopes de. **Contabilidade & Novo Código Civil**. Curitiba: Editora Juruá, 2008.
SÁ, Antônio Lopes de. **Luca Pacioli:** Um Mestre do Renascimento. Fundação Brasileira de Contabilidade – FBC, 2004.
SÁ, Antônio Lopes de. **Teoria da Contabilidade**; 4.ed. São Paulo: Editora Atlas, 2008.
SIMÕES, Mauro Cardoso. **John Stuart Mill & a Liberdade**. Rio de Janeiro: Editora Zahar, 2008.
SMITH, Adam. **A Riqueza das Nações**, tradução e seleção de Norberto de Paula Lima. 3.ed. Rio de Janeiro: Editora Nova Fronteira, 2017.
SOMARIVA, Adir João. **Poema Rima Canção**. Florianópolis: Santa Editora, 2020.
SOMARIVA, Adir João. **Poema Rima Canção II**. Florianópolis: Santa Editora, 2021.
SOMARIVA, Adir João. **Propósito da Missão:** Os Fundamentos na Organização das Entidades sob uma Visão Contábil. Porto Alegre: Editora AGE, 2019.
TALEB, Nassim Nicholas. **Antifrágil**, tradução de Eduardo Rieche. 7.ed. Rio de Janeiro: Editora Best Business, 2017.
VERTES, Alexandre. **Iniciação à Dupla Contabilidade Geral**. Novo Hamburgo – RS: Editora Otomit, 1987.
GLOBOLIVROS, tradução de Douglas Kim. São Paulo: Editora Globo, 2016.

Outras referências

Carta Encíclica **Evangelium Vitae** – Sumo-Pontífice **João Paulo II**.
Código Civil Brasileiro de 2002.
Código Penal Brasileiro de 1940, Decreto-Lei n. 2.848, de 7 de dezembro de 1940.
Constituição Brasileira de 1988.
Boletim CRC-SC, expedido pelo ato da XVII Convenção dos Contabilistas do Estado de Santa Catarina, Florianópolis (24 a 26/08), 1995.